Weny

L'Etat, l'UEMOA et la souverainété fiscale

Wenyaoda Dit Justin Yaméogo

L'Etat, l'UEMOA et la souverainété fiscale

La cession partielle de souveraineté

Éditions universitaires européennes

Impressum / Mentions légales
Bibliografische Information der Deutschen Nationalbibliothek: Die Deutsche Nationalbibliothek verzeichnet diese Publikation in der Deutschen Nationalbibliografie; detaillierte bibliografische Daten sind im Internet über http://dnb.d-nb.de abrufbar.

Information bibliographique publiée par la Deutsche Nationalbibliothek: La Deutsche Nationalbibliothek inscrit cette publication à la Deutsche Nationalbibliografie; des données bibliographiques détaillées sont disponibles sur internet à l'adresse http://dnb.d-nb.de.

Coverbild / Photo de couverture: www.ingimage.com

Verlag / Editeur:
Éditions universitaires européennes
ist ein Imprint der / est une marque déposée de
OmniScriptum GmbH & Co. KG
Heinrich-Böcking-Str. 6-8, 66121 Saarbrücken, Deutschland / Allemagne
Email: info@editions-ue.com

Herstellung: siehe letzte Seite /
Impression: voir la dernière page
ISBN: 978-3-8416-6096-1

INTRODUCTION

Avec la constitution des espaces d'intégration économique et monétaire sous-régionaux (UEMOA, UE) on assiste à une remise en cause continue et croissante de la liberté des Etats partis à un processus d'intégration économique dans la conduite de leurs politiques budgétaires. Cette remise en cause s'est manifestée pour la première fois *en Europe* avec l'adoption de l'acte unique de 1986 qui instituait les conditions de la mise en place d'un marché commun, avec notamment des directives en matière douanière et en matière fiscale.[1] Il s'ensuit une série de mesures relatives à l'harmonisation des politiques budgétaires, ceci en vue de promouvoir une intégration économique, puis l'instauration d'une monnaie unique.

Le même phénomène va se manifester par la suite *en Afrique Occidentale* avec une situation quelque peu différente quant aux objectifs. En effet, les Etats membres étant déjà dans une union monétaire, devaient réaliser une union économique.

En Afrique de l'Ouest, c'est surtout après la dévaluation du franc CFA qu'apparaît pour la première fois la nécessité de coordonner les politiques budgétaires, d'harmoniser les finances publiques afin de les rendre aussi convergentes que possible, pour une plus grande stabilité macro-économique et une protection plus accrue de la monnaie unique.

L'harmonisation des politiques budgétaires ainsi décidée va s'étendre progressivement à divers domaines des finances publiques. Ainsi, en matière fiscale (fiscalité directe ou indirecte, intérieure ou de porte), de nombreuses règles d'origine communautaire vont intervenir, soit pour régir directement ces domaines, soit pour encadrer les législations des Etats membres. Cet état de fait

---

[1] Voyez M. Fourmann Emmanuel, *Genèse de la monnaie unique.* **Séminaire sur l'élaboration du budget de l'Etat.** ENAREF 1997

est de nature à faire ombrage ou même à contrarier sérieusement certaines passerelles de la souveraineté des Etats, notamment leur souveraineté fiscale.

La souveraineté fiscale dont il sera question dans ce rapport est un élément de la souveraineté (tout court) des Etats. Il est donc nécessaire de bien comprendre la notion de souveraineté pour mieux appréhender celle de la souveraineté fiscale.

Notion de souveraineté

Le mot souveraineté s'entend différemment selon qu'il s'agisse du droit international public, du droit constitutionnel interne ou du droit communautaire.

En droit international public, le mot souveraineté désigne le pouvoir de l'Etat de déterminer et de conduire librement sa politique intérieure et extérieure. Les seules limites à son action étant ses propres engagements et le droit international.

Du point de vue du *droit constitutionnel interne,* la souveraineté est l'expression du pouvoir d'autodétermination d'un peuple. Elle désigne le droit d'un peuple de choisir s'il veut être souverain ou pas et le cas échéant de choisir son système politique et économique.

L'apparition d'un troisième ordre juridique, l'ordre juridique communautaire, change la donne. La souveraineté *en droit communautaire*[2] se conçoit essentiellement en termes de limitation de compétences des Etats dans l'espace communautaire. Les Etats membres de tels espaces renoncent à l'exercice d'une compétence autonome dans certains domaines pour l'exercer en commun par l'intermédiaire d'une institution supranationale qu'ils créent.

Cet état de fait, de nature à faire ombrage ou même à contrarier sérieusement certaines passerelles de la souveraineté des Etats, pose de sérieux

---

[2] Le droit communautaire est le droit de l'intégration sous régionale. Elle est constituée du Traité (droit primaire), des actes pris par le conseil ou la commission (droit communautaire dérivé : règlements, directives, décisions, avis et recommandations) et du droit issu des accords externes conclus avec des Etats et des organisations tiers, complété par des accords interétatiques et par la jurisprudence de la cours de justice.

problèmes aussi bien au regard du droit international public qu'au regard du droit constitutionnel interne.

Au regard du droit international public, le principal problème posé par l'appartenance des Etats à une Union correspond, selon les termes de M. Thibault de Berrager au "paradoxe fondamental du droit international[3]", qui peut se résumer en cette interrogation : comment un Etat peut-il à la fois se proclamer souverain et être soumis à un droit sécrété par d'autres institutions ?

Au regard du droit constitutionnel interne, les constitutions des Etats qui consacrent souvent la souveraineté internationale de ceux-ci semblent incompatibles avec toute idée de soumission de ces Etats à quelques règles, quelles qu'elles soient, fussent-elles d'origine internationale. Ces constitutions, qui consacrent la répartition des compétences entre les domaines règlementaires et législatifs, ne font point référence à une probable compétence communautaire.

Que ce soit au regard du droit international public ou au regard du droit constitutionnel interne, la souveraineté peut avoir des contenus différents selon le domaine. On parle ainsi de souveraineté économique, de souveraineté fiscale, de souveraineté politique[4], …La souveraineté fiscale semble cependant être la pièce maîtresse de la souveraineté (tout-court) des Etats et mérite d'être explicitée.

---

[3] Voyez COMBACAU et SERGE, *Droit International Public*. Paris 1997 P. 247 cité par Alexandre Maitrot de la Motte dans *souveraineté fiscale et construction communautaire* P.27.
[4] Selon le professeur Berlin cité par Alexandre Maitrot de la Motte dans *souveraineté fiscale et construction communautaire*, P.33, la somme de ces souverainetés serait égale à la souveraineté tout court de l'Etat.

Notion de souveraineté fiscale

La souveraineté fiscale est souvent présentée comme le symbole par excellence des pouvoirs régaliens de l'Etat, de sorte que les débats y relatifs sont toujours bien nourris.

L'expression souveraineté fiscale doit être bien comprise et ne pas être confondue avec la souveraineté budgétaire, notion plus connue sous le concept de principe d'autorisation budgétaire et qui désigne le droit reconnu au parlement de donner au gouvernement l'autorisation de percevoir les recettes nécessaires en vue d'assurer le bon fonctionnement des services publics[5].

Cette expression ne doit pas non plus être confondue à une notion voisine qu'est l'autonomie fiscale. Selon André Baralari, « tandis que l'autonomie est une question de degré, la souveraineté elle, est une question de nature[6] ». L'autonomie fiscale est la capacité d'une collectivité non souveraine d'ajuster ses recettes à ses dépenses.

Selon G. Tixier, une entité territoriale déterminée, bénéficiant ou non de la souveraineté politique, est réputée jouir de la souveraineté fiscale dès lors qu'elle dispose d'un système fiscal présentant deux caractéristiques essentielles, d'une part une autonomie technique et d'autre part une exclusivité d'application[7]. *L'exclusivité d'application* signifie que le système fiscal s'applique à l'exclusion de tout système concurrent, sur un territoire géographique déterminé où il est l'unique pourvoyeur de ressources fiscales d'un budget. *L'autonomie technique* suppose un système fiscal complet, c'est-à-dire qui contient toutes les règles d'assiette, de taux de liquidation et de recouvrement nécessaires à sa mise en œuvre, même si son contenu a été élaboré sous l'influence d'un autre système.

---

[5] Voyez. Da Dakor. *Cours Technique de Budgétaire*. ENAREF cycle A.
[6] Voyez. André Barilari, *la question de l'autonomie fiscale*. RFFP n° 80 P. 77.
[7] V. Guy GEST et Gilbert TIXIER, *Droit fiscal international*. Paris : presse universitaire de France, 1990 P. 16 cité par Alexandre Maitrot de la Motte dans, *souveraineté fiscale et construction communautaire*, Paris, LGDJ 2005.

La souveraineté fiscale peut également être définie comme la liberté dont dispose une entité pour déterminer les règles applicables au prélèvement fiscal ainsi que le pouvoir de contrainte pour l'appliquer[8]. Elle est la plupart du temps indissociable avec la souveraineté tout court de l'Etat même si l'on admet souvent qu'elle n'est pas réservée exclusivement à l'Etat et qu'elle peut être exercée par d'autres entités, infra étatiques ou interétatiques[9].

Ainsi, la souveraineté des Etats au sens du droit international et du droit constitutionnel interne s'oppose à toute idée de limitation de souveraineté. Cependant, les organes communautaires édictent des règles qui s'imposent aux Etats. Ceci pose certains problèmes aux administrations et aux particuliers et mérite que l'on s'y intéresse.

Pour les particuliers, les textes communautaires créent à leur profit des droits auxquels les Etats risquent de porter atteinte à travers leurs règlementations fiscales. Il se pose alors pour ces particuliers la question de savoir comment faire respecter leurs droits.

Quant aux administrations financières, elles sont amenées à proposer au législateur (pour adoption), des textes en vue d'adapter les systèmes fiscaux nationaux. En outre, elles sont amenées à prendre des textes règlementaires (décrets, arrêtés, circulaires, instructions administratives) pour appliquer les lois fiscales nationales. Il se pose alors pour elles, la question de savoir jusqu'où elles peuvent aller en matière de réglementation fiscale sans enfreindre aux règles communautaires[10], ou de savoir quelle règle doivent-elles appliquer, en cas de

---

[8] V. Alexandre Maitrot de la Motte, *souveraineté fiscale et construction communautaire* P.35, Paris, LGDJ 2005.
[9] Selon Alexandre Maitrot de la Motte dans, *souveraineté fiscale et construction communautaire*, la souveraineté fiscale ne se confond pas exactement à la souveraineté politique. Ainsi, un Etat membre d'une fédération ou un Etat protégé peuvent exercer une souveraineté fiscale sans être politiquement souveraine.
[10] Cette limitation à la faculté des organes Etatiques de légiférer est critiquable. Selon M. Chrétien «Un Etat ne peut vivre librement que s'il peut imposer librement »

contradiction entre une norme législative ou constitutionnelle interne, et une norme communautaire.

Dans ce contexte, notre étude vise à préciser les conditions dans lesquelles se réalise la confrontation de la souveraineté fiscale des Etats membres avec le processus d'harmonisation des législations fiscales. Il s'agira donc pour nous, de répondre à la question suivante : _de quel espace de libre exercice de leur politique fiscale disposent les Etats membres de l'UEMOA._

Notons qu'il ne s'agira pas de confronter la souveraineté fiscale des Etats membres à celle de l'UEMOA[11]. Il s'agira plus tôt d'étudier les conditions de l'exercice de cette souveraineté dans le contexte de la formation et du développement d'un ordre fiscal communautaire. _Il s'agira_ souven_t de préciser les règles_ de partage des compétences _en matière de réglementation fiscale entre les organes communautaires et les autorités nationales, et,_ quelquefois, _d'indiquer dans quelle mesure cette_ souveraineté fiscale _subit une certaine_ érosion _(du fait de l'intégration sous régionale)_

Dans le cadre de notre travail, nous avons choisi, _comme méthode de recherche_, de procéder à l'analyse de certains textes communautaires et de les confronter à la réalité des pratiques administratives. Ceci non pas parce que ces textes sont les plus importants ou que les autres sont de moindres valeurs, mais parce que nous estimons que c'est à travers ceux-ci que nous pourrons mieux appréhender la question objet de cet rapport.

Nous ferons également recours à la jurisprudence. Celle de la de la Cours de Justice UEMOA (CJ UEMOA) sera privilégiée. Cependant, dans la mesure où cette jurisprudence n'est pas suffisamment élaborée, nous aborderons de façon

---

[11] L'Union n'étant pas un Etat fédéral, on voit difficilement comment il peut exister une confrontation entre la souveraineté de celle-ci et celle des Etats membres. L'article 9 du Traité, contenu dans le chapitre 1, consacré au statut juridique de l'Union, n'indique pas sa nature juridique. Mais, l'on peut néanmoins affirmer que l'UEMOA ressemble plus à une organisation internationale qu'à un Etat fédéral.

subsidiaire et à titre complémentaire, la jurisprudence de la Cour de Justice des Communautés Européennes (CJCE). Ceci par-ce-que le juge communautaire UEMOA s'inspire fortement de la jurisprudence de la CJCE.

Enfin, les législations internes ainsi que les agissements de certaines administrations seront mis en rapport avec le droit communautaire selon qu'ils sont ou pas conformes à celui-ci.

Pratiquement pour traiter de notre thème, plusieurs démarches s'offraient à nous :

Aborder le problème en traitant d'une part les questions liées à la souveraineté fiscale de l'Union et d'autre part celles relatives à la souveraineté fiscale des Etats. Une telle approche ne présente cependant pas beaucoup d'intérêts. L'Union n'étant pas un Etat, la souveraineté fiscale dont elle dispose de part le Traité est simplement destinée à lui conférer les ressources propres, nécessaires à son fonctionnement. Cette question ne présente donc pas beaucoup d'intérêts pour les administrations financières.

Traiter la question de la souveraineté fiscale, en analysant les différentes matières de la fiscalité selon que les règles communautaires régissent entièrement la matière ou se contentent de dicter des objectifs à atteindre tout en laissant aux Etats la liberté quant aux moyens. Cette seconde option n'a pas été retenue parce qu'elle ne permet pas d'aborder la question sur tous ses aspects.

Nous avons alors choisi de subdiviser notre analyse selon que les règles en présence concernent des impôts directs ou indirects[12].

Dans la partie consacrée aux impôts directs (Partie 1), nous rechercherons le mode de partage des compétences normatives entre les organes communautaires et les autorités nationales en matière de fiscalité de porte (Chapitre 1) et en matière de fiscalité indirectes intérieure (Chapitre 2). Pour ce

---

[12] Selon F.M Sawadogo et S. Dembélé cette subdivision constitue la division majeure du droit fiscale. Voyez *Précis de Droit fiscal burkinabé*, P. 67

qui est de la partie consacrée à la fiscalité directe (Partie 2), nous verrons comment et dans quelles mesures, en l'absence de textes communautaires sur la fiscalité directe, la souveraineté fiscale des Etats membres est limitée et leurs législations fiscales soumises au contrôle préalable de la Commission et au contrôle postérieur de la Cours de Justice de l'UEMOA (CJ UEMOA) (Chapitre 1). Nous examinerons également le programme d'harmonisation de la fiscalité directe, les règles de partage de compétence fiscale sur les impôts directs ayant déjà fait l'objet de mesures d'harmonisation ainsi que les règles de partage de compétence entre l'Union et les Etats en matière de convention fiscale (Chapitre 2).

PARTIE1 : LE PARTAGE DE COMPETENCES EN MATIERE D'IMPOTS INDIRECTS

Les impôts indirects intérieurs grèvent directement le coût des produits. Il est donc nécessaire d'harmoniser ces impôts pour éviter qu'une grande différence entre les réglementations en matière de fiscalité indirecte intérieure n'entraîne une distorsion du marché commun (Chapitre 1). Cette nécessité est d'autant plus grande en matière de fiscalité de porte puisque l'unification est la condition première et sine qua non à l'existence même du marché commun (Chapitre 2).

CHAPITRE 1 : L'HARMONISATION DE LA FISCALITE INDIRECTE INTERIEURE

Il faut entendre par fiscalité indirecte intérieure, les impôts assis sur la dépense quelles que soient leurs formes (TVA, droits d'accise, ...). Parmi ces impôts, seuls quelques uns ont fait l'objet de mesures d'harmonisation. Il s'agit de ceux auxquels l'article 4-e du Traité de Dakar fait référence, c'est à dire ceux qui sont susceptibles d'affecter le marché commun. Ce sont ces derniers qui feront l'objet de notre analyse. Il s'agira notamment de la TVA (Section1), des droits d'accises et des taxes sur les produits pétroliers (Section 2).

Section 1 : l'harmonisation de la Taxe sur la Valeur Ajoutée (TVA)

La TVA est un impôt général sur la dépense. Elle est perçue selon un système de paiement fractionné sur la valeur ajoutée apportée par chacun des opérateurs intervenant dans le circuit de la production et de la distribution. Elle constitue une importante source de rentrée fiscale pour les Etats membres. Pour le Burkina Faso en particulier, la TVA est l'impôt le plus important en matière de rentrée fiscale. (Elle représentait en 2004, 35,64 % des rentées fiscales avec une tendance à la hausse de ce pourcentage.)[13]

Au vu de cette importance de la TVA en termes de recettes budgétaires pour les Etats, le législateur communautaire est intervenu pour limiter la compétence normative des Etats membres en la matière[14] de sorte à éviter que leurs actions ne nuisent à la construction du marché commun. Ainsi, certaines compétences normatives ont été cédées à l'Union tandis que d'autres ont été conservées par les Etats.

---

13 Loi de finance, gestion 2004
[14] Directive n° 02/2009/CM/UEMOA portant modification de la directive n° 98/CM/UEMOA portant harmonisation des législations des États membres en matière de Taxe sur la Valeur Ajoutée (TVA).

A- Les compétences cédées à l'Union

Les formes de cession des compétences différent selon que l'Etat membre appliquait déjà ou pas un système de TVA.

Pour les *Etats qui n'appliquaient pas un système de TVA,* c'est le principe même d'appliquer la TVA qui constitue une sorte de cession de souveraineté fiscale. Ainsi, *sur le principe d'application de la TVA à la place de la* Taxe sur le Chiffre d'Affaire *(TCA),* la directive[15] exige que les pays qui n'appliquaient pas un système de TVA, substituent leurs systèmes de TCA à la TVA.

Pour les Etats membres qui appliquaient déjà le système de la TVA, c'est l'obligation d'adapter leurs régimes à celui institué par la directive qui constitue une forme de cession de souveraineté. C'est le cas en ce qui concerne le champ d'application, les opérations imposables, le régime des exonérations, la base d'imposition...

La cession de compétences a été très poussée *en matière de champ d'application.* Trois notions ont permis de le (le champ d'application) définir : il s'agit de la notion de personnes assujetties (article 6 et 7 de la directive), celle d'opération imposables (article 8 et suivants de la directive) et celle d'activité économique.

Aux termes de la directive, sont considérées comme *personnes assujetties,* toutes les personnes (physiques ou morales) de droit privé ainsi que toutes les personnes morales de droit public lorsque celles-ci agissent dans le domaine industriel et commercial, dans les mêmes conditions et avec les mêmes moyens et méthodes que les particuliers[16].

---

[15] Les directives lient les Etats partis quant aux objectifs à atteindre, tout en leur laissant la liberté quant à la forme et aux moyens à mettre en œuvre pour atteindre ses objectifs. Elles sont d'applicabilité médiate et d'effet direct. Elles ne sont invocables par les particuliers qu'à l'expiration du délai de transposition ou de la période transitoire

[16] En France, les collectivités publiques ont une option de soumission.

Selon l'article 9 de la directive, il faut entendre par *opérations imposables*, les livraisons de biens et les prestations de services, effectuées à titre onéreux par un assujetti agissant en tant que tel, ainsi que les importations.

Pour ce qui est de *la notion d'activités économiques*, la directive soumet à la T.V.A toutes les opérations à caractère onéreux (sauf celles qui bénéficie d'une exemption expresse) de même que les prélèvements effectués par l'assujetti pour des besoins étrangers à ceux de l'entreprise, ou l'utilisation des biens de l'entreprise à des besoins autres que ceux de l'entreprise (article 10).

Avec une définition stricte des personnes assujetties, des opérations imposables, et de la notion d'activité économique, on peut estimer que la directive laisse une faible marge de manœuvre aux Etats membres.

Le régime des exonérations a également été strictement défini. Une liste d'activités ou d'opérations exonérées de la T.V.A a été établie par la suite[17]. Ces exonérations sont motivées par des raisons diverses. Certaines sont destinées à éviter les cumuls d'impositions et à tenir compte des exportations. D'autres se justifient par des raisons humanitaires, sociales ou par des besoins de facilités administratives et économiques ou encore par des nécessités de défense et de surveillance. La directive interdit aux Etats membres, d'instituer d'autres raisons d'exemptions, en dehors de celles sus mentionnées.

La *base d'imposition* à la TVA a également été définie de manière stricte aussi bien en ce qui concerne les livraisons de bien que les prestations de services et les importations. Aux termes de la directive[18], la base d'imposition est constituée :

---

[17] Article 21 nouveau de la directive n° 02/2009/CM/UEMOA portant modification de la directive n° 98/CM/UEMOA portant harmonisation des législations des États membres en matière de Taxe sur la Valeur Ajoutée (TVA)

[18] Article 27 de la directive N°02/98/CM/UEMOA portant harmonisation des législations des Etats membres en matière de Taxe sur la Valeur Ajoutée (TVA).

- en ce qui concerne les livraisons de biens et les prestations de services, par la contrepartie obtenue ou à obtenir par le fournisseur ou le prestataire pour ces opérations de la part de l'acheteur, du preneur ou d'un tiers ;

- en ce qui concerne les importations par la valeur en douane majorée des droits et taxes perçues à l'entrée à l'exception de la Taxe sur la Valeur Ajoutée elle-même.

Cette définition stricte doit également être considérée comme une limitation de la souveraineté fiscale des Etats membres en matière de TVA.

Ces limitations de la compétence normative des instances nationales ne sauraient être considérées comme étant sans effets juridiques. En effet, le Traité UEMOA aux termes des articles 26, 90 et suivants charge la commission, sous le contrôle de la Cour de Justice, de veiller à l'application du droit communautaire[19]. Elle est ténue dans le cadre de cette mission de prendre des décisions et d'intenter toutes les actions nécessaires. La Cour de Justice a estimé qu'un refus d'agir opposé par la commission dans le cadre de sa mission, malgré une demande formulée par un ressortissant constituait une illégalité susceptible d'un recours en annulation [20]

A côté des compétences cédées à l'Union, subsistent des points sur lesquels les Etats membres ont conservé certaines marges de manœuvre.

B- Les compétences conservées par les Etats.

En matière de TVA il est possible de relever des points sur lesquels les Etats membres n'ont pas cédé leurs compétences et d'autres qui ont fait l'objet de dispositions facultatives.

---

[19] L'article 90 vise beaucoup plus les règles relatives à la concurrence mais elle concerne également les autres règles.
[20] *Recueil de jurisprudence de la Cour de Justice*. Volume1 p.141

En matière de *taux*, les Etats membres n'ont pas opté pour un taux unique applicable dans toute l'Union. Ils ont seulement limité le nombre de taux de TVA à savoir le taux nul applicable aux produits exonérés et le taux normal qui doit nécessairement être compris entre le taux minimum (15 %) et le taux maximum (20%). En outre, les Etats membres ont la faculté de fixer un taux réduit compris entre 5% et 10%. Ils appliquent ce taux réduit à une liste maximum de dix biens et services choisis sur la liste communautaire[21].

En matière de *régime des déductions*, la directive accorde une grande liberté aux Etats membres dans la détermination des assujettis qui ont ou pas le droit de déduire de la TVA qu'ils collectent, la TVA qui est facturée par leur fournisseur (article 31).

Ces dispositions relatives aux taux et aux régimes des déductions offrent aux Etats des compétences encadrées par des règles communautaires.

Une certaine liberté est également accordée aux Etats en ce qui concerne la délimitation du *champ d'application*. C'est notamment le cas du secteur agricole qui est exclut du champ d'application de la directive dans l'attente de la politique agricole commune et où les Etats membres ont la faculté de soumettre le secteur à la T.V.A selon les conditions et les modalités qu'ils auraient définies. C'est également le cas en matière de transport. Les dispositions de la directive étant facultatives à titre provisoire en la matière, les entreprises peuvent faire une option de soumission.

La directive accorde également aux Etats membres, la faculté de soumettre ou de ne pas soumettre les livraisons à soit même (LASM) à la T.V.A (article 10 de la directive). Cette option a été utilisée par le Burkina Faso. L'article 321 al.2 rend imposable à la T.V.A les LASM. Il faut noter que contrairement aux LASM, aux

---

[21] Article 29 nouveau de la directive n° 02/2009/CM/UEMOA. Cette disposition marque une évolution par rapport à la directive n° 02/98/CM/UEMOA du 22 décembre 1998 qui visait à éliminer les taux réduits.

termes de la directive, l'autoconsommation et les dons sont nécessairement soumis à la TVA.

Enfin l'on peut noter que les textes communautaires accordent également une large plage de manœuvre aux instances nationales dans la fixation des conditions et des modalités dans lesquelles les entreprises peuvent formuler et obtenir des remboursements de crédit de TVA.

En somme, l'érosion de la souveraineté des Etats membres en matière de TVA est très forte, mais les Etats membres ont conservé quelques passerelles de souveraineté. Toutefois, la construction d'un marché commun dans lequel toutes les frontières fiscales auront disparues reste un des objectifs de l'UEMOA. C'est pourquoi il est souhaitable que le système actuel de TVA avec son mécanisme de compensations aux frontières puisse évoluer afin de faire disparaître définitivement les frontières fiscales intérieures au sein de l'UEMOA, frontières qui ont été fortement ramollies avec la communautarisation douanière.

En sus de la TVA, l'harmonisation a également touché les impôts spécifiques sur la dépense.

Section 2 : L'harmonisation des droits d'accises et de la taxation sur les produits pétroliers.

Les droits d'accises ou simplement les accises[22], sont des droits indirects spécifiques, qui frappent des catégories de produits limitativement déterminées par la loi[23]. Ces catégories de produits étant généralement placées hors du champ d'application de la T.V.A[24]. Les droits d'accises ont été harmonisés par la directive n° 03/98/CM/UEMOA du 22 décembre 1998 modifiée par la directive n° 03/2009/CM/UEMOA du 27 mars 2009. Par cette harmonisation, le législateur

---

[22] Voir. Directive N° 03/98/CM/UEMOA du 22 décembre 1998 portant harmonisation des droits d'accises.
[23] Selon le *lexique des termes juridique*, le terme accises désignent les impôts indirects frappent de matière spécifique tel ou tel produit, comme les taxes fiscales sur les alcools ou les cigarettes.
[24] Les produits pétroliers supportent non seulement des droits d'accises, mais également la TVA et les droits de douane

communautaire, s'est fixé comme objectifs, d'assurer la convergence des systèmes nationaux de droits d'accises, de faciliter la circulation de ces produits entre les Etats membres, de limiter les produits passibles de droits d'accises dont elle a dressé la liste, d'assurer la convergence des méthodes de détermination de sa base d'imposition et de rapprocher les taux applicables[25].

Quant à la Taxation des Produits Pétroliers (TPP), elle désigne l'ensemble des taxes perçues sur ces produits. L'intervention du législateur communautaire en la matière vise à réduire la disparité qui existe entre les modes de taxation des produits pétroliers dans les pays de l'Union et ce, en vue de favoriser la mobilité des opérateurs économiques, de contribuer à une plus grande neutralité de cet impôt et à une meilleure perception de la structure des coûts des produits pétroliers dans chacun des pays. A coté de ces objectifs, il y a un impératif : celui de préserver au profit des Etats, le potentiel fiscal que représentent les taxes sur les produits pétroliers.

Dans le fond, les Etats membres ont cédé l'essentiel de leur pouvoir règlementaire aussi bien pour les droits d'accises que pour les taxes perçues sur les produits pétroliers, les textes communautaires s'étant fixe comme objectif, de réduire la disparité entre ces taxes.

A- Les compétences cédées à l'Union

Les compétences cédées concernent aussi bien le champ d'application que la base d'imposition et les taux applicables.

Le champ d'application :

---

[25] Directive N° 03/98/CM/UEMOA du 22 décembre 1998 portant harmonisation des droits d'accises.

Pour la TPP, la question ne se pose pas. La directive n° 06/2001/CM/UEMOA du 26 novembre 2001 s'applique à l'ensemble des produits pétroliers tel que énumérés à l'article 2 de ladite directive.

Pour les droits d'accises, la Directive n° 03/98/CM/UEMOA procède également par énumération des produits passibles de droits d'accises. Ces produits se subdivisent en produits nécessairement soumis et en produits pouvant être soumis à des droits d'accises:

-*les produits nécessairement soumis à des droits d'accises* : Il s'agit des boissons alcoolisées et non alcoolisées - à l'exception de l'eau - et du tabac. Les eaux minérales par exemple, bien que présentant les caractères d'un produit industriel, doivent circuler dans les Etats membres en franchise de droits d'accises.

-*les produits susceptibles d'être soumis aux droits d'accises* : Les Etats membres peuvent choisir sur la liste de l'article premier nouveau de la directive 03/2009/CM/UEMOA, un maximum de six produits choisis sur la liste communautaire qui seront soumis aux droits d'accises.

L'on peut estimer que cette manière de fixer le champ d'application de ses impôts contribue à limiter considérablement les compétences législatives des instances nationales en la matière.

La base d'imposition

Pour les droits d'accises, la base d'imposition, doit inclure tous les frais à l'exclusion de la TVA. S'il s'agit de produits importés, la base d'imposition est la valeur en douane. Dans le cas des produits fabriqués à l'intérieur, il s'agira de la valeur de vente à la sortie d'usine.

Quant aux TPP, le législateur exige que la base d'imposition inclue le TEC et la TVA.

Les taux d'imposition

Les taux d'imposition des impôts spécifiques sus visés ont également été règlementés.

Pour les droits d'accises, le taux doit être compris dans les limites communautaires. Le principe de neutralité des taxes sur la consommation interdit aux Etats d'appliquer à des produits importés un taux différent de celui auquel sont soumis les produits fabriqués à l'intérieur.[26]

Concernant les TPP le texte communautaire ne fixe pas de taux. Cependant, elle n'en délimite pas moins la compétence des Etat en la matière. En effet, les directives communautaires en la matière exigent que le montant des droits spécifiques applicables aux produits pétroliers soit fixé par voix législative[27] (sauf cas de délégation législative faisant suite à des circonstances exceptionnelles[28]) et que toutes les recettes fiscales tirées de cette taxe soient affectées au budget général de l'Etat. Ce qui implique que, les taxes spécifiques prévues ne peuvent pas englober des taxes parafiscales[29].

B- Les compétences conservées par les Etats

On peu considérer que pour ce qui est des taux, les Etats membres n'ont pas entièrement cédé leurs compétences. Ils fixent librement le taux à l'intérieur d'une fourchette communautaire, pour ce qui est des droits d'accises. Concernant la TPP, seule la procédure de fixation du taux (à savoir par voie législative) constitue une contrainte règlementaire.

---

[26] Voyez Isaac Guy, **Droit Communautaire Général**, Paris 1998, Dalloz P.313

[27] Ceci est contraire au caractère traditionnel des directives qui se contentent de fixer les objectifs tout en laissant aux Etats la liberté quant aux moyens à mettre en œuvre pour atteindre ces objectifs. Pour une description plus exhaustive de la directive, Voyez M. Yawovi Badchaci, **Cour de Droit communautaire DESS droit des affaires. 2006/2007** P. 18

[28] Cette exigence est néanmoins conforme à l'article 101 de la constitution burkinabé.

[29] Ceci rend l'énumération de l'article 6 de la directive N° 06/2001 quelque peut paradoxale, puisse qu'il y est fait référence aux taxes parafiscales comme pouvant faire partie des droits spécifiques.

Une autre liberté réside dans la faculté laissée aux Etats de choisir six produits sur une liste de douze qui pourront être frappés par de droits d'accises[30].

Ceci dit, on peut affirmer que la cession de la souveraineté fiscale des Etats membres est partielle en matière d'impôts indirects intérieurs. Les dispositions nationales en la matière ont fait l'objet de mesures d'harmonisation. Cette cession de compétence semble totale en ce qui concerne les droits de porte qui, elles, ont fait l'objet de mesures d'uniformisation.

---

[30] Article premier nouveau de la Directive n° 03/2009/CM/UEMOA du 27 mars 2009 portant modification de la Directive n° 03/98/CM/UEMO du 22 décembre 1998 portant harmonisation des législations des Etats membres en matière de droits d'accises.

CHAPITRE 2 : L'UNIFORMISATION DE LA FISCALITE DE PORTE

Selon les conceptions, la fiscalité de porte peut désigner plusieurs réalités[31].

Elle peut désigner les droits de douane stricto sensu. Elle peut également désigner l'ensemble des droits de portes perçus par les services des douanes à l'exception des taxes sur la consommation intérieure. Elle peut enfin désigner l'ensemble des droits de porte perçus par les services des douanes quelles que soient leurs natures.

Dans notre étude, nous voulons nous placer dans le second entendement. Il faut donc entendre par fiscalité de porte, les droits de douane stricto sensu, le prélèvement communautaire de solidarité (PCS) et les redevances statistiques (ce dernier ne sera pas analysé dans la présente étude).

L'application de cette fiscalité de porte dans l'espace UEMOA diffère selon l'origine des produits. Les produits originaires (Section 2) subissent un traitement différent de celui réservé aux produits provenant des Etats tiers (Section 1).

Section 1 : Le traitement fiscal des produits provenant des Etats tiers

La réalisation du marché commun exige la suppression des cordons douaniers intérieurs. Elle exige ensuite une harmonisation, sinon une communautarisation des politiques douanières à l'égard des Etats tiers[32]. Elle exige enfin l'établissement d'un nouveau cordon douanier à la frontière de l'Union. La réalisation du dernier objectif nécessite l'uniformisation des régimes douaniers applicables aux produits tiers (A) avec une compétence exclusive de l'Union en la matière (B)

---

[31] Voyez F.M Sawadogo et S. Dembélé, *Précis de Droit fiscal Burkinabé*, P.415
[32] Article 76 et suivants du Traité UEMOA

A : Le régime douanier des produits provenant des États tiers

Avec la mise en place du Tarif Extérieur Commun (TEC) le régime douanier des produits provenant des Etats tiers a été uniformisé.

Le TEC est constitué des droits de douanes stricto sensu, des prélèvements communautaires de solidarité et des redevances statistiques. L'établissement d'un système de TEC dans une Union douanière permet d'accorder une protection effective aux produits originaires en faisant en sorte qu'à chaque niveau de production, les intrants soient frappés de taxes inférieures à celles appliquées aux produits finis. Ceci encourage la réalisation de valeur ajoutée interne.

La nomenclature tarifaire et statistique du TEC de l'UEMOA[33] classe les produits provenant des Etats tiers en quatre catégories soumises à des niveaux de taxes différents :

-la catégorie 0 pour les biens sociaux qui sont soumis au taux 0 ;

-la catégorie 1 pour les biens d'équipement. Le taux appliqué aux biens de cette catégorie est de 5% ;

-la catégorie 2 pour les intrants et les produits intermédiaires soumis au taux de 10% ;

-la catégorie 3 pour les biens de consommation finale soumis au taux de 20%.

La mise en place du TEC s'est caractérisée par une réduction du nombre de droits qui étaient perçus à la frontière par chaque Etat et par ricochet, une

---

[33] Article 4 du règlement N°02/97/CM/UEMOA du 28 novembre 1997 portant adoption du tarif extérieur commun.

simplification de leur système tarifaire[34]. Elle s'est également caractérisée par une baisse généralisée des droits perçus aux frontières.

B - Les règles de compétence en matière de tarif extérieur commun

Le principe en la matière est la compétence exclusive de l'Union. Le fondement juridique de cette compétence exclusive est posé par les articles 4-c, 76-b, 82, 84, et 85 du Traité UEMOA. Ces articles sont complétés par les directives et les règlements pris pour leur application[35].

Selon l'article 82 du Traité, la politique commerciale relève de la compétence exclusive de l'Union. Elle adopte ainsi, entre autres, les règles relatives au TEC. Le règlement N°02/97 sur le tarif extérieur commun a été adopté à cet effet.

L'instauration du TEC et de l'ensemble des dispositifs d'accompagnement s'est donc faite par règlement. Cette méthode est logique. En effet, pour harmoniser les législations nationales, l'Union dispose de deux instruments. Les directives et les règlements. Le recours au règlement en matière douanière notamment en ce qui concerne la politique douanière à l'égard des Etats tiers, traduit la volonté des Etats membres de transférer intégralement leurs compétences en la matière aux organes de l'Union[36]. En effet, le règlement est en quelque sorte une loi communautaire. Il est obligatoire dans tous ses éléments et directement applicable dans les Etats membres nonobstant toute disposition

---

[34] Avant la mise en place du TEC, la nomenclature douanière nationale étaient constituées des droits de douanes uniformes, des droits fiscaux à l'importation, des taxes statistiques, des taxes spéciales d'intervention et des prélèvements communautaires de solidarité. Voyez V. Zakané, **Droit du commerce international**, précis de droit fiscal burkinabé, P. 81.
[35] On peut citer le règlement 02/97/CM/UEMOA.
[36] Article 76 et 82 du Traité.

nationale contraire[37]. Il n'a pas besoin de mesures intérieures de réception pour s'appliquer[38].

On peut donc conclure que les Etats membres perdent toute compétence en matière douanière dans leurs relations avec les Etats tiers. Ainsi, aucune loi, aucun décret, aucun arrêté ou instruction administrative ne peut aller à l'encontre des dispositions communautaires, sans ouvrir au profit de la commission ou des autres Etats, des actions visant à contraindre l'Etat fautif à respecter les dispositions communautaires.

Pour ce qui est particulièrement des accords commerciaux, la Cour de Justice de l'UEMOA (CJ UEMOA), dans son avis N°002/2000 relatif à l'interprétation de l'article 84 du Traité[39], a conclu que l'emploi du terme « des accords commerciaux » au lieu de « les accords commerciaux » ne saurait être interprété comme laissant subsister, à coté de celui de l'Union, un champ de compétence des Etats membres qui devront conformer les accords qu'ils auront à conclure à la politique commerciale commune[40]. Selon la CJ UEMOA, la politique commerciale commune, tant intérieure qu'extérieure de l'Union relève de la compétence exclusive de cette dernière. Par conséquent, seule l'Union, représentée par la commission, est habilitée à négocier et à conclure avec des Etats tiers, les accords relatifs au tarif extérieur[41].

Alors que les produits provenant des Etats tiers sont soumis au Tarif Extérieur Commun, ceux provenant des Etats membres –produits originaires- sont soumis à un régime de franchise.

---

[37] Article 6 et 42 du Traité.
[38] V. Issac Guy, *Droit communautaire général*, 6èmr édition, Paris, A. Colin 1998
[39] L'article 84 est stipulé comme suite : L'Union conclut des accords internationaux dans le cadre de la politique commerciale commune…
[40] Avis N°002/2000 du 16/02/2000 sur l'interprétation de l'article 84 du Traité UEMOA rendu par la CJ UEMOA V. *Recueil de jurisprudence de la Cour*, volume 1, P.111
[41] Pour V. Zakané, l'adoption et la mise en œuvre de la politique commerciale commune devrait se faire en deux étapes. Voyez V. Zakané, *Droit du commerce international*, Précis de Droit burkinabé P. 146

Section 2 : Le traitement fiscal des produits originaires de l'UEMOA

La construction d'un marché commun consiste au fond, à la fusion des marchés intérieurs des Etats membres pour en faire un marché plus grand. Cela suppose que les barrières douanières intérieures disparaissent, mais aussi qu'il se crée une barrière douanière plus grande, se situant aux nouvelles frontières de l'Union. L'espace communautaire se substitue donc aux espaces nationaux, mais l'objectif de protection des produits intérieurs demeure, ce qui justifie un traitement privilégié de ces produits (A), la compétence dans la détermination du régime fiscal de ces produits étant exclusivement réservée à l'Union (B).

A- Le régime douanier des produits originaires

Les produits originaires de l'Union bénéficient d'un traitement de faveur (2), mais le bénéfice d'un tel régime est subordonné à l'obtention d'un certificat d'origine (1).

1- Le certificat d'origine [42]

C'est un document administratif attestant qu'un produit remplit les conditions requises pour bénéficier d'un régime de faveur. Le certificat d'origine est délivré par les autorités compétentes[43] et visé par le service des douanes de l'Etat membre d'où le produit a été obtenu ou produit.

2- Le traitement de faveur

Le traitement de faveur est destiné à favoriser la réalisation de valeur ajoutée intérieure. Pour bénéficier de ce traitement de faveur, les gouvernements des Etats membres dans lesquels sont implantés des entreprises dont les produits

---

[42] Article 11 du protocole additionnel N°3/2001 du 19 décembre 2001
[43] Il s'agit des services de la Direction du Commerce Extérieur (Arrêté N°20001-016/MCPEA/SG du 20 février 2001 portant organisation, attribution et fonctionnement de la Direction Générale du Secteur privé)

sont susceptibles de bénéficier du traitement de faveur, adressent une demande d'agrément à la commission qui l'étudie et procède à l'agrément.

B - Les règles de compétence en matière de produits originaires

La politique de défense commerciale relève exclusivement de la compétence de l'Union[44] et la Commission est chargée, sous le contrôle de la Cour de Justice, de l'application des règles y relatives et dispose à cet effet du pouvoir de prendre des décisions[45].

La compétence exclusive de l'Union en matière de droits de porte appliqués aux produits originaires se fonde sur les articles 4-c, 76-a, 78, 79, 80 et 81 du Traité ainsi que les actes additionnels et les règlements pris pour son application[46].

Pour favoriser la construction du marché commun, l'Union s'est fixée entre autres objectifs, l'élimination sur les échanges entre les pays membres, des droits de douane, des restrictions quantitatives à l'entrée et à la sortie et des taxes d'effet équivalant susceptibles d'affecter les transactions, sous réserve du respect des règles d'origine de l'Union[47].

A cet effet, l'Union a choisi en premier lieu de figer les droits d'entrée sur les produits originaires qui existaient à l'entrée en vigueur du Traité (interdiction faite aux Etats de créer de nouvelles taxes à l'importation). Ensuite, elle a entrepris de limiter progressivement, dans les échanges intracommunautaires, les droits de douane et autres obstacles à la libre circulation des marchandises (régime tarifaire préférentiel transitoire).

---

[44] Articles 78 et 82 du Traité UEMOA.
[45] Article 90 du Traité.
[46] On peut citer l'acte additionnel 01/97 et ses modificatifs.
[47] Article 76 du traité.

Ces mesures doivent être considérées comme s'imposant de manière impérative aux Etats. Selon le Traité, c'est le Conseil des Ministres qui, agissant sur proposition de la Commission de l'UEMOA et à la majorité des deux tiers (2/3), dispose de toutes les compétences pour règlementer les échanges intracommunautaires et conduire la politique commerciale commune[48].

Cette compétence exclusive ne souffre d'aucune exception. Les clauses de sauvegarde, prévues aux articles 79 et 86 ne sont nullement pas destinées à conférer aux Etats, la faculté d'instituer des droits d'entrées sur des produits originaires. Elles (les clauses de sauvegardes) permettent tout au plus aux Etats, soit d'interdire ou de restreindre l'importation ou l'exportation de certains produits pour des raisons limitativement citées[49], soit de prendre (conformément aux modalité fixées par la le conseil) des mesures temporaires, dérogatoires aux règles générales de l'union douanière et de la politique commerciale commune, destinées à faire face à des difficultés graves dans un ou plusieurs secteurs de leurs économies.

Depuis le premier janvier 2000, les produits originaires circulent librement dans toute l'Union. La circulation en toute franchise des droits de douanes s'impose aux Etats. Ils sont ténus d'accorder cette franchise aux produits originaires. Ils ne peuvent pas en accorder aux produits non originaires. Sur ce dernier point, la position de la C.JU.E.M.O.A dans l'arrêt du 20 juin 2001 sur l'affaire société des ciments du Togo (STC) contre la Commission est éclaircissante[50].

L'objet de cet arrêt porte sur le recours en annulation, intenté contre une décision de la Commission. Décision par la quelle elle refusait de faire suite à la

---

[48] Article 81 et 82 du Traité UEMOA.

[49] L'article 79 du Traité cite les des raisons de moralité publique, d'ordre public, de sécurité publique, de protection de la santé ou de la vie des personnes et des animaux, de préservation de l'environnement, de protection des trésors nationaux ayant une valeur artistique, historique ou archéologique et de protection de la propriété industrielle et commerciale.

[50] Affaire Société des Ciments du Togo contre commission. *Recueil de jurisprudence de la cour de justice UEMOA*, 01-2002, P. 135.

demande gracieuse de la STC, tendant à obtenir de la commission, la prise de mesure adéquate pour mettre fin aux agissements de la société WACEM qu'elle jugeait anticoncurrentiels. Les faits étaient les suivants :

La société WACEM, agrée par l'Etat togolais comme entreprise de zone franche (Selon la loi togolaise relative à la zone franche, une entreprise de zone franche est une entreprise étrangère à l'économie togolaise et par ricochet à celle de l'Union.) 51, exportait sa production de ciment sur les territoires des Etats membres de l'Union en franchise de droits de douane sur la base d'une autorisation des autorités togolaises et d'un agrément, à elle, accordé par le secrétaire exécutif de la C.E.D.A.O

La STC, s'est estimée victime de ces agissements constitutifs, selon elle, d'une violation de l'article 76 du Traité de Dakar instituant un marché commun et établissant un tarif extérieur commun (TEC) et un tarif douanier préférentiel au profit des seules entreprises résidentes dans les territoires douaniers de chacun des Etats membres et par suite, une concurrence déloyale. Elle a par conséquent demandé à la commission de prendre toutes les mesures nécessaires pour mettre fin aux agissements de la société WACEM, gravement préjudiciable (selon la STC) aux entreprises régulièrement installées sur les territoires douaniers des Etats membres de l'Union. La commission, s'estimant incompétente pour donner des injonctions à un Etat membre, n'a pas fait suite à cette sollicitation. C'est cette décision qui été déféré devant la C.J U.E.M.O.A par un recours en annulation.

Dans cette affaire la cours devait répondre entre autres, à la question suivante : est-ce que la commission est compétente pour enjoindre aux Etats de respecter les règles communautaires ?

A l'analyse de l'arrêt de la Cours, il ressort que selon celle-ci, la commission, même si elle ne peut pas donner des injonctions à un Etat, est ténue

---

[51] Affaire Société des Ciments du Togo contre commission. *Recueil de jurisprudence de la cour de justice UEMOA*, 01-2002, P. 135

d'entreprendre toutes les actions nécessaires en vue de faire respecter le droit communautaire, notamment en matière de TEC[52].

Il apparaît donc, à la lumière de cette jurisprudence, que les Etats ne jouissent d'aucun pouvoir discrétionnaire dans l'application des dispositions du Traité relatives à la politique commerciale commune. L'application du tarif extérieur commun (TEC) sur les produits provenant des Etats tiers s'impose aux Etats. Par voie de conséquence, ils ne peuvent pas accorder des exemptions au tarif extérieur commun à l'importation de produits non originaires (en dehors du taux nul prévu pour certains produits).

En somme, l'érosion de la souveraineté fiscale des Etats en matière d'impôts indirecte diffère selon les domaines. Elle est partielle en matière d'impôts indirects intérieurs est totale en matière de droits de porte. Ces premiers impôts (impôts indirects) ont fait l'objet de mesures d'harmonisation avec l'adoption de nombreux textes communautaires. Ceci n'est pas le cas en ce qui est des impôts directs dont l'harmonisation est encours. Pour ces derniers, (impôts directs) les Etats membres conservent leur souveraineté fiscale sous réserve du respect de certaines dispositions communautaires et ce sous le contrôle des organes Communautaires.

---

[52] Selon l'article 26 du Traité UEMOA, en vue de l'accomplissement de sa mission, elle doit recueillir toutes les informations utiles au près des autorités nationales et des entreprises.

PARTIE 2 : L'EROSION DE LA SOUVERAINETE FISCALE

EN MATIERE D'IMPOTS DIRECTS

Les impôts directs se prêtent moins à l'harmonisation que les impôts indirects[53]. Plusieurs raisons justifient cette affirmation : d'abord, les impôts directs, contrairement à ceux indirects, de par leurs natures sont moins susceptibles de créer une distorsion du marché commun. Ensuite, l'expression du pouvoir régalien de l'Etat est moins vivace en matière d'impôts indirects qu'en matière d'impôts directs.

Le fait que les impôts directs se prêtent moins à l'harmonisation a conduit le législateur communautaire à prioriser l'harmonisation des impôts indirects.

Cependant, même en l'absence de règles communautaires sur la fiscalité directe le juge communautaire a développé de façon prétorienne des restrictions au libre exercice des choix fiscaux nationaux[54]. Il exige des Etats qu'ils respectent un certain nombre de règles communautaires. Les règles communautaires en question sont celles qui ont une portée fiscale ou qui, sans avoir une portée fiscale directe, comportent dans leur application une incidence sur le pouvoir fiscal des Etats membres.

En outre, dans la mesure où les Etats membres sont dans un processus d'intégration, les textes communautaires ont fortement limité leurs compétence en matière conventionnelle, surtout lorsque les conventions qu'ils signent leurs sont incompatibles auxdites conventions.

---

[53] Selon MM. Beltran cité par A. M de la Motte, on considère que les impôts directs pèsent moins directement sur la mise en place du marché commun que les impôts sur les biens qui permettent, eux, de peser plus lourdement sur les échanges transnationaux ; ou à tout le moins, que leurs harmonisation s'avère moins prioritaire que celle des impôts directs. *Souveraineté fiscale et construction communautaire*, P. 16

[54] C'est surtout en UE que les arrêts les plus significatifs en la matière ont été rendus.

A cet effet, l'objet de notre travail sera relatif à la nécessité pour les instances nationales de respecter un minimum de règles, que l'on peut légitimement considérer comme supérieures aux normes nationales. L'on s'intéressera en outre au programme d'harmonisation de la fiscalité directe et aux impôts directs ayant déjà fait l'objet de mesures d'harmonisation. L'obligation de respect des normes communautaires sus visée s'impose aux Etats aussi bien dans l'édiction des normes nationales (Chapitre 1) que dans la négociation et la conclusion des conventions internationales relatives aux impôts directs (Chapitre 2).

.

CHAPITRE 1: LE CONTROLE DES LEGISLATIONS FISCALES DES ETATS

En principe, en l'absence de règles communautaires en matière d'impôts directs, les organes étatiques conservent leurs compétences normatives en la matière. Et cette compétence ne saurait être soumise à aucune limitation ni à aucun contrôle de conformité par un organe extérieur à l'Etat, fusse-t-il d'origine communautaire.

Le contraire buterait d'ailleurs à certaines difficultés. L'une de ces difficultés réside dans le caractère hautement régalien du pouvoir fiscal. Le pouvoir fiscal (surtout la fiscalité direct) est incontestablement l'une des prérogatives les plus importantes de la souveraineté interne d'un Etat, de sorte qu'il est difficile d'imaginer que celui-ci soit soumis au contrôle d'un organe extra-étatique.

Néanmoins, il est loisible de se demander si cette compétence est pleine et entière dans le cadre de l'instauration et du maintien du marché commun.

En effet, il n'est pas illégitime de douter de l'opportunité, voir de l'utilité, d'une plénitude de compétence règlementaire nationale en matière de fiscalité direct dans le cadre de la constitution de l'espace communautaire. Ceci, par ce que les Etats membres, à travers leurs législations, pourraient porter atteinte à certains principes fondamentaux et à certaines libertés communautaires ou à certaines règles de concurrence. Il s'ensuit que les législations fiscales des Etats membres doivent être conformes aux textes communautaires. Cette obligation de conformité est soumise au contrôle juridictionnel du juge communautaire et quelquefois au contrôle préalable de la Commission.

Aussi, on peut penser que cette obligation de conformité des règles nationales à l'égard des principes fondamentaux et des libertés communautaires a une portée fiscale qui s'impose aux Etats et amenuise la compétence règlementaire des organes nationaux (section 1). De même, les règles relatives à la concurrence semblent imposer une procédure d'adoption des textes en la matière qui ne saurait être sans conséquence sur la souveraineté fiscale des Etats (section 2).

Section 1: La portée fiscale des principes fondamentaux et des libertés communautaires.

La reconnaissance de la primauté des principes fondamentaux et des libertés communautaires sur les législations fiscales des Etats membres est l'œuvre du juge communautaire. En effet, à travers le mécanisme du recours en manquement, la Commission peut obtenir le contrôle de la compatibilité des législations des Etats membres par rapport aux principes fondamentaux et aux libertés communautaires et le cas échéant, obtenir l'abrogation des règles qui porteraient atteinte à ces principes et libertés. Ainsi, la fiscalité directe relève, pour l'essentiel, de la compétence des Etats membres. Néanmoins, ceux-ci doivent l'exercer dans le respect des principes fondamentaux (A) et des libertés communautaires (B).

A- La potée fiscale des principes fondamentaux

En droit communautaire, on reconnait généralement deux principes fondamentaux dont l'application entraine une limitation de la souveraineté fiscale des Etats membres. Il s'agit du principe de non-discrimination et du principe d'interdiction des entraves fiscales.

1) Le principe de la non-discrimination

Selon la majorité des auteurs, les juges communautaires condamnent toute forme de discrimination en matière fiscale. Ils condamnent notamment l'application de règles différentes à des situations comparables. Deux branches peuvent être distinguées.

La première branche de discriminations prohibées est constituée des avantages fiscaux accordés par les Etats membres dans un but interventionniste. Lorsqu'ils imposent les revenus ou les capitaux de leurs ressortissants, les Etats membres peuvent les inciter à adopter certains comportements en leurs proposant en contre partie des avantages fiscaux. La difficulté réside dans le fait que ces avantages sont souvent accordés en considération de la nationalité ou de la résidence ce qui crée une certaine discrimination en défaveur des non nationaux ou des non-résidents.

La seconde branche de discrimination prohibée est constituée des règles fiscales applicables aux succursales ou filiales de sociétés étrangères. Elle consiste à imposer plus lourdement la filiale d'une société installée dans un Etat membre et dont la filiale se trouve dans un autre.

Ces deux types de discrimination sont interdits par le juge communautaire. Celui-ci considère que de telles pratiques sont contraires aux règles communautaires. Lorsque les Etats instituent de telles dispositions, le Traité permet à la commission de contester la légalité de ces règles (recours en manquement) devant la CJ UEMOA. Dans de tels cas, si la CJ UEMOA juge que les dispositions fiscales d'un Etat membre sont contraires aux règles communautaires, celui-ci est tenu de les abroger. Ce mécanisme constitue une limitation de la souveraineté fiscale des Etats membres dans la mesure où il permet à la CJ UEMOA (autorité étrangère à l'Etat) de contrôler les législations fiscales des Etats membres.

Dans le droit positif burkinabé, on peut relever certaines dispositions qui semblent incompatibles au principe de non-discrimination et qui pourraient être sanctionnées par le juge communautaire. En effet, le droit fiscal burkinabé comme certaines législations fiscales des pays membres de la sous région, applique le critère de la territorialité des impôts de telle sorte que tous les assujettis sont généralement traités de manière identique lorsqu'ils sont dans des situations comparables. Seules certaines dispositions posent une condition de nationalité comme condition pour bénéficier de certains avantages fiscaux. Au nombre de ceux-ci figure la Taxe Patronale d'Apprentissage (TPA) qui institue une discrimination entre les entreprises assujetties selon que leurs personnels sont ou non des burkinabé. Autrefois justifiée par la nécessité de promouvoir la main d'œuvre nationale, le maintien d'un taux différent des droits à verser au titre de la TPA, selon que l'employé est de nationalité burkinabé ou étrangère semble incompatible avec le contexte et la finalité du Traité et même purement anachronique. Ce texte peut être considéré comme incompatible au droit communautaire par ce que contraire au principe de la non discrimination et aux règles relatives la libre circulation des personnes[55].

2) Le principe d'interdiction des entraves fiscales

En dehors, des dispositions discriminatoires, d'autres dispositions, bien que n'instituant aucune discrimination *de facto ou de jure* en fonction de la nationalité, peuvent être incompatibles avec la construction du marché commun, parce que constitutives d'entraves fiscales.

Le mécanisme du recours en manquement décrit plus haut permet au juge communautaire de condamner toute disposition fiscale d'un Etat membre qui constituerait une entrave fiscale à la liberté de circulation des personnes, des biens, des services et des capitaux. L'application du principe d'interdiction des entraves fiscale constitue une limitation à la souveraineté fiscale des Etats dans la mesure où ils ne peuvent plus règlementer leurs systèmes fiscaux en toute liberté.

Dans le droit positif burkinabé on peut relever des dispositions constitutives d'entraves fiscales. Au nombre de ces dispositions, on peut citer l'article 11 du Code des Impôts qui fixe les conditions de déduction des revenus des valeurs mobilières (RVM) et des revenus des créances (RC) de l'Impôt sur les Bénéfices Industriels et Commerciaux (IBICA). Cette disposition, sans instaurer une

---

[55] Voyez F. M. Sawadogo et S. Dembélé, *Précis de Droit fiscal burkinabé* P. 259

inégalité de traitement liée à la nationalité ou à la résidence est de nature à porter atteinte à la construction du marché commun.

En effet, aux termes de cette disposition, les revenus des valeurs mobilières et des créances doivent avoir déjà supporté l'impôt sur les valeurs mobilières (IRVM) ou l'impôt sur le revenu des créances (IRC) au Burkina Faso, pour être déductible de l'Impôt sur les Bénéfices Industriels et Commerciaux (IBICA) au Burkina. Ceci instaure une discrimination en fonction de la résidence du bénéficiaire de l'investissement et constitue de ce fait une entrave fiscale à la libre circulation des capitaux.

En plus de la reconnaissance de la portée fiscale des principes fondamentaux, le juge communautaire reconnaît que les libertés communautaires ont une portée fiscale qui s'impose aux Etats membres.

B- La portée fiscale des libertés communautaires

Le Traité a institué la libre circulation des marchandises, des personnes, des services et des capitaux. Le juge communautaire considère que ces libertés ont une portée fiscale qui s'impose aux Etats. Ceci implique nécessairement une limitation de leurs souverainetés fiscales.

Le principe de la liberté de circulation des marchandises, a peu d'impact sur la souveraineté fiscale des Etats en matière d'impôts directs. L'on peut seulement relever que la directive portant harmonisation de l'acompte assis sur le bénéfice au sein de l'UEMOA limite la liberté des Etats dans l'organisation des retenues à la source au niveau des frontières. En effet, en harmonisant le régime de l'acompte sur impôts assis sur les bénéfices, la directive 07/2007/CM/UEMOA du 26 novembre 2001, favorise la liberté de circulation des marchandises tout en limitant du même coup la souveraineté fiscale des Etats membres en matière d'impôts directs.

Le principe de la liberté de circulation des capitaux ne comporte pas non plus de sérieuses conséquences sur la souveraineté fiscale des Etats. Toutefois, très souvent, les atteintes à la libre circulation des capitaux constituent également des entraves fiscales et peuvent être sanctionnées à ce titre par le juge communautaire.

Ce sont les deux derniers principes, à savoir les principes de *la libre circulation des personnes et de la libre prestation des services* qui peuvent être considérées comme ayant de sérieux impacts sur la souveraineté fiscale des Etats. En effet, ces deux principes limitent considérablement la liberté des Etats dans la conduite de leurs politiques fiscales. De nombreux arrêts ont été rendus par la CJCE relativement à ces deux libertés communautaires. La CJ UEMOA, elle, ne s'est pas encore prononcée sur la portée fiscale de ces libertés.

Cependant, relativement à ces libertés, on peu relevé certaines dispositions fiscales burkinabé qui semblent incompatibles avec les règles communautaires et qui pourraient être sanctionnées par le juge communautaire. C'est le cas des 84 du Code des Impôts qui instaure un prélèvement sur les sommes versées en rémunération de prestations de services avec une discrimination au profit des entreprises résidentes. Cet article instaure un prélèvement de 5 % au titre de l'acompte sur l'Impôt sur les Bénéfices Industriels, Commerciaux et Agricoles (IBICA) sur toutes les sommes versées en rémunération des prestations de services effectuées par des entreprises résidentes au profit de certains résidents[56]. La même disposition instaure un prélèvement définitif de 20 % sur les sommes perçues par des prestataires de services étrangers. On évoque au soutien de ces dispositions discriminatoire, le besoin de promouvoir l'expertise locale. Elles portent cependant atteinte à la liberté de circulation des services dans l'UEMOA et devraient être considérées par la CJ UEMOA comme contraires aux règles communautaires.

---

[56] L'article 84 CI cite l'Etats, les entreprises publiques et les collectivités locales, les particuliers relevant du régime réel normal d'imposition, les organisations non gouvernementales, les projets.

En plus des principes fondamentaux et des libertés communautaires, les règles relatives à la concurrence, notamment celles relatives aux aides d'Etats pourrait avoir un impact sur la compétence normative des Etats membres.

Section 2 : La portée fiscale des règles relatives aux aides d'Etats

La bonne marche du marché commun ne peut être envisagée qu'avec un minimum de transparence dans la concurrence. C'est pourquoi l'UEMOA s'est fortement intéressée à la concurrence dans le marché commun par l'édiction de règles en la matière. Certaines de ces règles portent sur les agissements des entreprises dans le marché commun. Il s'agit de règles relatives aux ententes, associations, pratiques concertées et abus de position dominante. Ces règles sont destinées à prohiber les pratiques anticoncurrentielles et les pratiques restrictives de concurrence. Certaines autres sont relatives aux relations financières entre l'Etat et les entreprises résidentes ou les organisations internationales. C'est notamment le cas des règles relatives aux aides d'Etat.

Ces règles ont forcement une portée fiscale et par voie de conséquence une incidence sur la souveraineté fiscale des Etats membres aussi bien au plan interne (A) qu'au plan externe (B).

A- Au plan interne

Au plan interne les règles UEMOA sur les aides d'Etat réduisent considérablement la possibilité pour les Etats membres d'utiliser l'outil fiscal pour promouvoir certains secteurs de l'économie ou pour promouvoir les entreprises exportatrices, limitant du même coup la souveraineté fiscale des Etats au plan interne.

L'utilisation des avantages fiscaux en vue de *promouvoir certains secteurs d'activité* est fortement encadrée par l'article 88 du Traité qui précise que « les aides publiques susceptibles de fausser la concurrence en favorisant certaines entreprises ou certaines productions » sont interdites.

La CJCE a estimé que la seule exception à cette prohibition de principe est constituée des mesures qui, quoique constitutives d'un avantage pour son bénéficiaire, se justifient par la nature de l'économie générale du système dans lequel elle s'inscrit[57].

L'utilisation de l'outil fiscal en vue de *promouvoir les exportations dans les autres Etats membres* quant à elle est interdite. Cette interdiction résulte de l'article 4 du règlement du 23 mai 2002 qui stipule que, « *sont interdites de plein droit sans qu'un examen conformément aux dispositions de l'article 2.2 soit nécessaire, les aides publiques subordonnées, en droit ou en fait, soit exclusivement, soit parmi plusieurs autres conditions, aux résultats à l'exportation vers les autres Etats membres* »

B- Au plan externe

Au plan externe, les règles relatives à la concurrence et particulièrement celles relatives aux aides d'Etat constituent des domaines de compétence exclusive de l'Union[58]. C'est dans ces matières que la souveraineté fiscale des Etats membres semble le plus remise en cause. En effet, non seulement ceux-ci sont ténus de consulter la commission avant d'adopter certaines dispositions

---

[57] V. P. Dérouin et P. Martin, *Droit communautaire et fiscalité, sélection d'arrêts et de décisions*, P.144
[58] Selon la CJ UEMOA, les rédacteurs du Traité de Dakar, ont entendu se détacher de la conception de la double barrière adoptée par le droit européen. C'est ainsi que contrairement à l'article 92 du Traité de Rome relatif aux d'Etats qui reprend la notion « constitutive d'affectation du commerce entre Etats », l'article 88 c) du Traité de l'UEMOA, quant à lui, parle simplement « d'aide susceptible de fausser la concurrence » , de même le Traité de Dakar, contrairement à ce qui est prévu à l'article 87, paragraphe 2 e) du Traité de Rome, n'a pas crut devoir définir le rapport entre les législations nationales et le droit communautaire de la concurrence, sans doute à cause de la compétence exclusive réservée à l'union en matière de Droit de la concurrence compris comme partie intégrante du marché commun de l'UEMOA. V. *Avis N° 003/2000 du 27 juin 2000 relatif à l'interprétation des articles 88, 89, 90 du Traité sur les règles de la concurrence dans l'Union.*

fiscales, mais également, la commission peut les enjoindre de cesser certaines mesures.

Selon l'article 5 du règlement du 23 mai 2002, les Etats membres, avant d'adopter une disposition fiscale constitutive d'une aide d'Etat (aide nouvelle), doivent la notifier à la commission qui, après examen de la compatibilité des dispositions en question avec le marché commun, autorise l'Etat membre à la mettre en œuvre.

L'impact d'un tel mécanisme sur la souveraineté fiscale de l'Etat se passe de tout commentaire. Comment une entité peu se déclarer fiscalement souveraine et être contrainte dans le même temps de consulter, avant l'adoption de certaines règles fiscales des organes qui ne sont pas les siens ?

En plus de l'autorisation qu'elle accorde aux Etats membres en matière de régime d'aide[59], la commission est revêtue, de la part des textes communautaires, du pouvoir d'enjoindre aux Etats de cesser tout régime d'aide qu'elle jugerait illégale. Cette faculté, décrite à l'article 13 du règlement sur les aides d'Etat, finit de convaincre des limitations à la souveraineté fiscale des Etats membres résultant des règles relatives aux aides d'Etat.

---

[59] Selon l'article premier du règlement du 22 mai 2002 le régime d'aide s'entend « de toute disposition sur la base de la quelle, sans qu'il ai besoin de mesures supplémentaires, des aides peuvent être octroyées individuellement à des entreprises, définies d'une manière générale et abstraite dans ladite disposition et toute disposition sur la base de laquelle une aide non liée à un projet spécifique peut être octroyée à une ou plusieurs entreprises pour une période indéterminée et/ou pour un montant indéterminé »

CHAPITRE 2 : LE PROGRAMME D'HARMONISATION DE LA FISCALITE DIRECTE ET LE PARTAGE DE COMPETENCE EN MATIERE DE CONVENTIONS INTERNATIONALES.

Lorsque, les Etats membres décident d'harmoniser leurs législations sur les impôts directs, ils acceptent implicitement que leurs pouvoirs de signer des conventions internationales entre eux ou avec des Etats tiers soient remis en cause. Par conséquent, la question de l'harmonisation de la fiscalité directe des Etats membres (Section 2) et celle de la compétence des Etats membres en matière de conventions fiscales (Section 1) sont nécessairement liées.

Section 1 : Le partage de compétence en matière de conventions internationales

La souveraineté des Etats membres de l'UEMOA pour conclure des conventions fiscales internationales suscite au moins deux questions : d'abord il est possible de se demander si les Etats membres peuvent toujours conclure librement des conventions fiscales internationales malgré leur appartenance à l'Union (A). On peut également s'interroger sur la manière dont les problèmes de compatibilité entre les conventions internationales auxquelles les Etats souscrivent et le droit communautaire peuvent être réglés (B).

A- Les règles de compétence en matière de conventions fiscales

En tant qu'organisation internationale, l'UEMOA ne peut avoir que des compétences d'attribution et elle ne peut agir, selon le principe de la subsidiarité[60],

---

[60] Le principe de la compétence d'attribution et la règle de la subsidiarité de l'action communautaire ont été énoncé à l'article 5 qui stipule que « Dans l'exercice des pouvoirs normatifs que le présent Traité leur attribue et dans la mesure compatible avec les objectifs de celui-ci, les organes de l'Union favorisent

que dans la mesure du nécessaire à la réalisation de ses objectifs. Or, à l'analyse du Traité UEMOA, le seul domaine de compétence externe explicite de l'UEMOA se résume à la conclusion de conventions relatives à la politique commerciale commune. Ce qui implique que la compétence de l'Union en matière de conventions fiscales ne peut être qu'une compétence accessoire à la politique commerciale commune. Cette compétence ne saurait donc concerner que les impôts indirects (1). Par conséquent, l'Union ne saurait conclure pour le compte des Etats, des conventions fiscales internationales en matière d'impôts directs (2).

1- Dans le cas des conventions fiscales portant sur les impôts indirects

Aux termes des articles 9 du Traité qui la dote de la personnalité juridique et de l'article 13 du Traité qui l'habilite à conclure des conventions avec des Etats tiers ou des organisations internationales, l'UEMOA comme les Etats membres, a la capacité de conclure des accords internationaux en tant que sujets du droit international. En effet, à coté des compétences externes des Etats membres dont l'exercice est garanti par leur autonomie institutionnelle, il existe des domaines de compétence exclusive de l'Union, notamment le domaine de la politique commerciale commune.

La compétence exclusive de l'Union en matière de politique commerciale commune a été consacrée par l'article 84 du Traité qui stipule que « *L'Union conclut des accords internationaux dans le cadre de la politique commerciale commune [...]* [61]».

Or, les conventions commerciales en question peuvent contenir des clauses fiscales, notamment en ce qui concerne les impôts indirects. Ceci conduit

---

l'édiction de prescriptions minimales et de réglementations cadres qu'il appartient aux Etats membres de compléter en tant que de besoin, conformément à leurs règles constitutionnelles respectives. »

[61] Selon la CJ UEMOA, l'emploi de l'article « des » au lieu de « les » ne peut en aucun cas remettre en cause le fondement juridique de la compétence exclusive de l'Union en cette matière de politique commune. V. *Avis N° 002/2000 de la CJ UEMOA du 2 février 2000 relatif à l'interprétation des articles 84 du Traité UEMOA*

à conférer à l'Union une compétence externe accessoire à la politique commerciale dans le domaine des conventions fiscales et à éroder du même coup, la souveraineté fiscale des Etats. En effet, les conventions fiscales conclues par les organes de l'Union devront s'imposer aux Etats alors-même qu'ils n'auront pas consenti eux-mêmes à la conclusion de ces accords. Ceci constitue sans doute une atteinte à la souveraineté fiscale de ceux-ci.

Néanmoins, il convient de noter que la compétence conventionnelle de l'Union en matière fiscale ne peut être qu'une compétence accessoire à la politique commerciale commune. Elle se manifestera essentiellement en matière d'impôts indirects. En dehors des clauses relatives aux impôts indirects, les contenus des accords susceptibles d'être souscrits par l'Union et qui engageraient les Etats membres ne risque que très rarement de porter atteinte à la souveraineté fiscale des Etats.

Cette compétence ne remet donc pas en cause le droit des Etats membres de conclure des accords internationaux en matière de fiscalité directe, en vue de résoudre certains problèmes de leurs systèmes fiscaux, telle l'élimination des doubles impositions.

2- Dans le cas des conventions fiscales portant sur les impôts directs

En la matière, la règle est l'absence de compétence de l'Union aussi bien dans les relations qu'entretiennent les Etats que dans leurs relations avec les Etats tiers. Il s'en suit que la compétence conventionnelle des Etats restent pleine et entière.

A l'égard des Etats tiers, l'Union ne dispose d'aucune compétence explicite (qui serait consacrée par le Traité) pour s'engager ou pour engager les Etats membres vis-à-vis d'un Etats tiers en matière fiscale. Or, en tant qu'organisation internationale, l'Union ne peut disposer que de compétences d'attribution[62]. En

---

[62] Article 5 du Traité.

l'absence d'une attribution expresse du Traité on peut en principe conclure que l'Union n'est pas compétente pour conclure des conventions fiscales internationales.

Il est donc entendu que l'Union ne dispose d'aucune compétence, ni pour contraindre les Etats membres à signer des conventions entre eux, ni pour engager ceci à l'égard des Etats tiers. Les Etats membres conservent leurs compétences externes dont l'exercice est garanti par leur autonomie institutionnelle[63]. Cependant, la reconnaissance de cette compétence externe ne saurait affranchir les Etats de l'obligation de respecter, dans leurs conventions fiscales internationales, le droit communautaire et ce respect se fait sous le contrôle du juge communautaire.

B- Le contrôle juridictionnel des conventions.

Malgré l'absence de compétence de l'Union pour conclure des conventions fiscales internationales, les textes communautaires priment sur les conventions fiscales que les Etats membres signent entre eux (1) et sur celles qu'ils signent avec les Etats tiers (2).

1- La primauté des dispositions communautaires sur les conventions entre Etats membres.

La primauté du droit communautaire sur les conventions conclues entre les Etats membres doit être reconnue, que ces conventions soient antérieures au Traité ou qu'elles lui soient postérieures.

Les conventions antérieures au Traité et conclues entre les Etats membres doivent être écartées lorsqu'elles sont incompatibles avec les textes communautaires. Plusieurs raisons, qui ne résultent pas des dispositions expresses

---

[63] L'article 9 consacre donne la personnalité juridique à l'Union sans renier l'autonomie institutionnelle des Etats

du Traité, sous-tendent cette règle. La première d'entre-elles est le principe de la primauté de la volonté la plus récente[64]. La seconde justification est d'origine jurisprudentielle. Elle résulte de la position de la CJCE selon laquelle « Le Traité CEE prime, dans les matières qu'il règle, sur les conventions conclues avant son entrée en vigueur entre les Etats membres[65] ».

Mais cette primauté n'implique pas que la CJ UEMOA peut annuler les conventions fiscales antérieures au Traité et intervenue entre les Etats membres. Elle signifie seulement que cette Cour peut écarter les dispositions de ces accords chaque fois qu'elles semblent incompatibles avec le Traité communautaire et les droits qui en découlent pour les ressortissants.

La primauté des règles communautaires sur les conventions postérieures au Traité et intervenues entre les Etats membres se fonde sur les dispositions du Traité, notamment son article 7 qui stipule que « *les Etats membres apportent leurs concours à la réalisation des objectifs de l'Union en adoptant toutes mesures générales ou particulières, propres à assurer l'exécution des obligations découlant du présent Traité. A cet effet, ils s'abstiennent de toutes mesures susceptibles de faire obstacle à l'application du présent Traité et des actes pris pour son application.* »

Cette primauté se fonde également sur le principe général de droit international public *"pacta sunt servanda"*, principe selon lequel les conventions librement conclues doivent être respectées de bonne foi par les parties qui l'ont concluent[66].

Cette primauté est logique car, autrement, les Etats membres pourraient s'entendre pour écarter les règles découlant du Traité en concluant entre eux des conventions internationales mettant ainsi en péril les chances d'atteindre les

---

[64] Principe général du droit applicable aux relations contractuelles et qui veut que la volonté la plus récente prime sur celles exprimées antérieurement.
[65] V. *CJCE, 27 février 1962, Affaire commission contre Italie*. Cité par A.M de la Motte dans souveraineté fiscale et construction communautaire P.226
[66] Voyez V. Zakané, *Cours de contrat d'Etat, DESS droit des affaires*. 2006/2007

objectifs du Traité. Cette primauté permet à la CJ UEMOA de juger de la compatibilité des conventions fiscales conclues entre Etats membres postérieurement au Traité avec les textes communautaires. Elle peut les priver d'effets le cas échéant. La reconnaissance par le juge communautaire de la primauté des textes communautaires sur les conventions intervenues entre les Etats membres constitue une limitation substantielle de la souveraineté fiscale externe de ces Etats. Ceux-ci perdent toute compétence pour conclure entre eux des conventions fiscales, chaque fois que l'Union a adopté des règles communautaires dans une matière.

La primauté de la règle communautaire UEMOA s'étend aux conventions conclues par les Etats membres avec des Etats tiers.

2- La primauté des règles communautaires UEMOA sur les conventions conclues entre les Etats membres et les Etats tiers.

La primauté des règles communautaires UEMOA sur les conventions conclues entre les Etats membres et les Etats tiers ne souffre d'aucune ambiguïté, que ces conventions soient antérieures ou postérieures au Traité.

La primauté des règles communautaires UEMOA sur les *conventions antérieures au Traité* et conclues entre les Etats membres et les Etats tiers se fonde sur le principe de la relativité des contrats. Ces conventions ne peuvent porter atteinte aux principes essentiels du droit communautaire parce qu'elles ne sont pas opposables aux autres Etats membres même si elles restent valables dans les relations entre les Etats contractants. Ainsi, les droits de l'Etat tiers ne sont pas remis en cause par le Traité. Quant à L'Etat membre, il est ténu, dans l'ordre international, d'exécuter ses obligations à l'égard de l'Etat tiers. Il ne peut, en revanche, tirer aucun droit de la convention pour s'exonérer de ses obligations communautaires vis-à-vis des autres Etats membres ou de la communauté[67].

La primauté des règles communautaires sur les *conventions postérieures au Traité* quant à elle tire son fondement des articles 6 et 7 du Traité qui précisent que les règles communautaires priment sur les dispositions nationales antérieures ou postérieures et les Etats membres doivent s'abstenir de prendre toutes mesures susceptibles de faire obstacle à l'application du Traité et des actes dérivés de ce dernier. On peut en déduire que les Etats membres doivent s'abstenir de prendre part à des conventions fiscales incompatibles avec les textes communautaires et que de telles conventions seraient inopposables aux Etats membres.

En somme la primauté des règles communautaires UEMOA sur les conventions antérieures et postérieures conclues entre les Etats membres et les Etats tiers est fondée sur des dispositions expresses du Traité. Cette primauté est nécessaire pour donner plus d'effets aux textes communautaires qui seront adoptés dans le cadre du programme d'harmonisation de la fiscalité directe.

Section 2 : Le programme d'harmonisation de la fiscalité directe

Le fondement juridique de l'intégration des fiscalités directes des Etats membres est constitué de l'article 4 du Traité de Dakar. Aux termes des dispositions du Traité, « sans préjudice des objectifs définis dans le Traité de l'UEMOA, l'Union poursuit, dans les conditions établies par le présent Traité, la réalisation des objectifs ci-après :

---

[67] Selon l'article 14 « Dès l'entrée en vigueur du présent Traité, les Etats membres se concertent au sein du Conseil afin de prendre toutes mesures destinées à éliminer les incompatibilités ou les doubles emplois entre le droit et les compétences de l'Union d'une part, et les conventions conclues par un ou plusieurs Etats membres d'autre part, en particulier celles instituant des organisations économiques internationales spécialisées. »

[…] Harmoniser, dans la mesure nécessaire au bon fonctionnement du marché commun, les législations des Etats membres et particulièrement le régime de la fiscalité. »

La fiscalité est ainsi considérée comme l'une des matières devant faire l'objet de mesures d'harmonisation et ce, dans la mesure du nécessaire au bon fonctionnement du marché commun.

S'il est évident que les impôts indirects affectent plus le fonctionnement du marché commun que les impôts directs, il en est autant qu'une grande disparité entre les fiscalités directes des Etats et une trop grande différence entre les taux de pressions fiscales soient susceptibles de contrarier le bon fonctionnement du marché commun.

Aussi, l'Union a adopté un programme d'harmonisation de la fiscalité direct (A). En application de ce programme, deux directives ont déjà été adoptées (B).

A- Le contenu du programme d'harmonisation

L'harmonisation de la fiscalité directe au sein de l'UEMOA vise le renforcement de la compétitivité des économies des Etats membres, le développement du commerce extérieur de l'Union et la consolidation du marché commun. Les Etats dans leur processus d'harmonisation ont opté de s'attaquer en premier lieu aux impôts indirects dans la mesure où ceux-ci ont plus d'impact sur l'établissement du marché commun que les impôts directs.

La seconde phase de ce processus d'harmonisation a été amorcé avec l'adoption du programme de transition fiscal[68] suivit du programme d'harmonisation de la

---

[68]Décision n° 10/2006/CM/UEMOA du 23 mars 2006, portant adoption du programme de transition fiscale au sein de l'UEMOA

fiscalité directe. Cette seconde phase intervient dans un contexte globalement favorable (1) et devrait se réaliser en deux étapes (2).

1-Un contexte d'harmonisation favorable au respect de souveraineté fiscale des Etats

L'étude du contexte dans lequel intervient le processus d'harmonisation suppose une connaissance exhaustive des différentes législations appliquées dans les Etats membres en matière d'impôts directs. Cette étude suppose ensuite une comparaison de ses différents systèmes fiscaux afin de conclure sur l'impact probable du processus d'harmonisation sur la souveraineté fiscale des Etats.

Deux raisons limitent cependant l'intérêt d'une étude exhaustive de la question. D'abord, la similitude entre les différents systèmes fiscaux en vigueur au sein de l'Union. Ensuite, l'objet même de notre étude qui porte non pas de façon spécifique sur l'harmonisation mais sur l'impact du processus d'intégration sur la souveraineté fiscale des Etats.

C'est pour quoi l'étude du contexte sera très sommaire. Nous indiquerons essentiellement les traits communs des législations nationales en matière d'impôts sur les revenus des sociétés et en matière d'impôts sur les intérêts étant entendu que le programme d'harmonisation qui a été adopté ne concerne que ces deux types d'impôts.

- Les systèmes nationaux d'imposition des revenus des sociétés

Hors mis le cas de la Guinée Bissau, les législations fiscales des Etats membres de l'Union s'inspirent fortement du système fiscal français.

En matière d'impôt sur les revenus des sociétés, les différentes législations définissent généralement le champ d'application de cet impôt en référence aux personnes imposables et aux revenus imposables.

Les personnes susceptibles d'être soumises à l'impôt sur les revenus des sociétés sont généralement classées en deux catégories :

- *Les personnes commerçantes (par la forme de l'exploitation)* soumises à l'impôt sur les bénéfices industriels, commerciaux, artisanaux et agricoles. Les législations des Etats membres considèrent comme personnes commerçantes, les sociétés commerciales par la forme[69] (à savoir les SA, les SARL, les SNC et le SCS) et les sociétés d'Etat. Ces législations considèrent également comme commerçantes, les autres formes de sociétés, les GIE ainsi que toutes les personnes physiques (entreprises individuelles) lorsque ceux-ci exercent une activité commerciale[70], agricole ou artisanale.

- *Les personnes non commerçantes* soumises à l'impôt sur les bénéfices non commerciaux. Dans cette catégorie on trouve généralement les professions libérales.

Pour ce qui est des bénéfices imposables il n'y a pas non plus une grande différence entre les législations des Etats membres en matière de revenus imposables. Elles (les différentes législations) intègrent généralement dans la base d'impositions non seulement les revenus bruts mais également toutes les espèces de revenus accessoires. La détermination du bénéfice imposable (bénéfice fiscal) se fait généralement en partant du bénéfice comptable calculé sur les fondements du SYSCOA. A ce bénéfice, on soustrait les déductions admises par chaque législation nationale et on additionne les réintégrations qu'elle exige.

Il existe déjà une certaine cohérence des différents systèmes nationaux en matière d'impôts sur les revenus des sociétés de sorte que le processus d'harmonisation risque très peu de contrarier la souveraineté fiscale des Etats membres. Il faut seulement souligner qu'une unification du taux ou la fixation d'une fourchette de taux aurait un impact sur la souveraineté fiscale des Etats. En effet, si l'on définit la souveraineté fiscale comme la liberté dont dispose une entité pour déterminer les règles applicables au prélèvement fiscal, pour ajuster ses recettes fiscales ainsi

---

[69] Article 6 de le l'acte uniforme OHADA sur les sociétés commerciales et les groupements d'intérêts économiques
[70] Les actes de commerces ont été défini à l'article 2 de l'acte uniforme OHADA sur le Droit commercial général

que le pouvoir de contrainte pour l'appliquer, on doit admettre que la fixation d'un taux ou d'une fourchette de taux limite la souveraineté fiscale de l'Etat, ne serait-ce que dans sa capacité d'ajuster ses recettes à ses dépenses.

Mais ce risque de contrariété à la souveraineté fiscale pourrait être minimisé si la fourchette de taux est assez large et accorde ainsi aux autorités nationales une grande marge de manœuvre.

- *Les systèmes nationaux d'imposition des revenus d'intérêts*

Comme le cas des revenus des sociétés, l'imposition des revenus d'intérêts présente dans les législations des Etats membres une certaine similitude. Ces législations soumettent généralement à cet impôt non seulement les revenus des crédits et des dépôts (IRC) mais également les revenus des valeurs mobilières (IRVM).

L'harmonisation de l'imposition des revenus des crédits (IRC) et des dépôts appelle peu de remarques en dehors de la nécessité d'unifier les taux applicables à ces impôts dans un contexte ou l'Union prône la libre circulation des capitaux au sein du marché commun.

L'harmonisation de l'imposition des valeurs mobilières (dans laquelle les différentes législations classent l'impôt sur les revenus des actions et l'impôt sur les revenus des obligations), elle, peut susciter quelques difficultés. En effet, cet impôt (IRVM) est généralement critiqué comme étant un facteur de double imposition. Ceci conduit certains systèmes fiscaux à le considérer comme un acompte de l'impôt sur les revenus des sociétés, mais à la condition que les revenus en cause aient déjà supporté l'impôt sur les revenus des sociétés dans l'Etat où le même revenu est soumis à l'impôt sur le revenu des valeurs mobilières. Un tel mécanisme destiné à la fois à éviter les doubles impositions et à lutter contre l'évasion fiscale, constitue dans les faits une entrave à la libre circulation des capitaux, toute chose qui rend nécessaire l'harmonisation dans ce domaine.

En somme, les ressemblances des différents systèmes nationaux d'imposition des revenus des sociétés et des intérêts devraient faciliter la mise en place d'une législation harmonisée en la matière.

2- Un programme d'harmonisation respectueux de la souveraineté fiscale des Etats.

Selon le programme adopté par le conseil[71], l'harmonisation préconisée concernera dans une première phase les impôts sur les sociétés et les impôts sur les revenus. Cette première face devra se faire progressivement en vue de manager la souveraineté fiscale des Etats.

a) *Les domaines de l'harmonisation*

-Les impôts devant prioritairement être harmonisés

L'impôt sur les revenus des sociétés et l'impôt sur les revenus des capitaux mobiliers ont été priorisés (par rapport à l'impôt sur les traitements et salaires et l'impôt sur le revenu foncier) par le programme d'harmonisation. Cette priorité accordée à ces deux types d'impôt s'explique d'abord par la mobilité de la matière imposable en cause, ensuite par le risque de distorsion du marché commun et enfin par le risque de concurrence fiscale entre Etats qui peut en résulter.

En effet, la décision d'implantation d'une entreprise dépend généralement des coûts des facteurs de production, de l'accessibilité au marché pour l'écoulement des produits et de la pression fiscale. A coût de production égale, le niveau de pression fiscale semble être le critère le plus déterminant pour le choix du lieu d'implantation dans le marché commun. De même le taux de prélèvement fiscal peut fortement influencer le choix du lieu de placement des capitaux. (Le dépôt en banque est fonction du taux d'intérêt brut et du taux d'imposition, le

---

[71] Annexe de la Décision N° 16/2006/UEMOA portant programme d'harmonisation de la fiscalité directe au sein de l'UEMOA (Non publier au BO)

choix d'une valeur mobilière « action ou obligation » est également influencé par le niveau de pression fiscale de l'Etat dans lequel l'entreprise émettrice réside).

Ceci implique que dans un marché commun, une très grande divergence entre les différents systèmes fiscaux nationaux peut conduire à une distorsion du marché au profit des entreprises implantées dans les paradis fiscaux. Ces entreprises pouvant alors livrer une concurrence déloyale aux autres entreprises.

En vue de promouvoir la compétitivité des entreprises résidentes, d'attirer des capitaux étranger ou de promouvoir l'installation des entreprises étrangères sur leurs territoires respectifs, il n'est pas exclut que les Etats aient recours à l'outil fiscal et le risque de concurrence fiscale dans ce cas est réel.

Certains impôts, non visés par le programme d'harmonisation des fiscalités directes, sont susceptibles d'être harmonisés. D'autres par contre devraient rester hors du champ de l'harmonisation.

- Les impôts pouvant faire l'objet de mesures d'harmonisation

Parmi les facteurs de production, la main d'œuvre semble être celui-là dont la mobilité n'est pas très affectée par la pression fiscale. Ce qui nous conduit à penser que l'imposition des salaires - bien qu'envisageable - n'est pas nécessaire à la construction du marché commun.

-Les impôts devant rester hors du champ de l'harmonisation

L'impôt sur le revenu foncier doit à notre avis rester hors du champ de l'harmonisation pour plusieurs raisons. D'abord, l'expression du pouvoir régalien de l'Etat est très forte dans cette matière. Ensuite la matière imposable en cause est entièrement immobile, donc très peu affectée par le taux de pression fiscale. Enfin l'article 4-e du Traité UEMOA qui stipule que l'Union vise, entre autres objectifs, à « harmoniser, dans la mesure nécessaire au bon fonctionnement du marché commun, les législations des Etats membres et particulièrement le régime de la fiscalité.» semble exclure ce type d'impôt du champ d'application de l'harmonisation puisqu'il a peu d'impacts sur le marché commun.

b) La nécessité de respecter la souveraineté fiscale des Etats

Le programme d'harmonisation de la fiscalité qui a été adopté laisse apparaître le souci de l'Union de manager la souveraineté fiscale des Etats aussi bien en matière d'impôts sur les revenus des sociétés qu'en matière d'impôts sur les revenus des capitaux. Dans ce sens, elle (l'Union) a choisi d'abord, d'adopter des textes communautaires visant à éviter les doubles impositions, ensuite de procéder à l'harmonisation des champs d'application, des exemptions et des modalités de détermination du bénéfice imposable, enfin de mener des études visant à déterminer une fourchette taux applicables. Cette fourchette devant être compatible avec la souveraineté fiscale et ne pas compromettre la faculté pour chaque Etat d'ajuster ses recettes en fonction de ses besoins.

Le caractère progressif du processus d'harmonisation envisagé et la prise en compte de la nécessité de laisser aux Etats une marge de manœuvre pour ajuster les taux des impôts visés (impôts sur les revenus des sociétés et des capitaux) en fonction de leurs prévisions budgétaires constituent pour nous des subsistances de la souveraineté fiscale des Etats.

Par ailleurs, le programme d'harmonisation adopté connait un début d'application avec l'adoption de deux directives à cet effet.

B- Les instruments adoptés

Après l'adoption de la décision portant programme d'harmonisation de la fiscalité directe, l'Union a entrepris, conformément à ladite décision, l'adoption de mesures destinées à rapprocher les législations fiscales des Etats membres. C'est ainsi que les directives n° 01/2008/CM/UEMOA du 28 mars 2008 portant harmonisation des modalités de détermination du résultat imposable des personnes morales au sein de l'UEMOA (1) et la directive n° 05/2008/CM/UEMOA du 26 juin 2008 portant harmonisation du régime fiscal des provisions constituées par les banques et les établissements financiers en application de la règlementation bancaire (2) ont été adoptées.

1- L'harmonisation des modalités de détermination du résultat imposable des personnes morales

La directive adoptée à cet effet vise entre autres objectifs, le rapprochement des législations fiscales en matière d'impôts directs, la cohérence et la simplification des systèmes fiscaux et la réduction concertée des exemptions et des exonérations en la matière.

Le texte communautaire n'a pas opté d'harmoniser l'impôt sur les bénéfices industriels et commerciaux. Il vise simplement à harmoniser les méthodes de calcul des bénéfices imposables des personnes morales. Cependant, à l'analyse, ont peut noter une certaine limitation de la souveraineté fiscale des Etas.

Ainsi, le législateur communautaire a énuméré les entreprises assujetties à l'impôt sus visé. Il a également indiqué les activités et les personnes qui doivent être exonérées ou exemptées de l'impôt sur les bénéfices industriels et commerciaux. En outre, il a définit avec précision les concepts de bénéfice imposable et de charges déductibles, d'amortissements et de provisions déductibles. Le texte communautaire a enfin encadré les législations des Etats membres en matière de régime d'imposition en fixant les seuils minimums de chiffre d'affaire qui entraine la soumission d'une entreprises au régime du réel normal ou au régime du réel simplifié. Les obligations déclaratives et comptables des assujettis ainsi que le droit de contrôle des administrations fiscales sont également régis par le texte communautaire.

Néanmoins, sur nombre de points, les Etats membres ont conservé leurs compétences normatives en matière de méthodes de déterminations du bénéfice imposable. C'est notamment le cas pour ce qui est des charges déductibles pour lesquels la directive permet aux Etats membres de déterminer les conditions de déductibilité ou le montant maximum pour la déduction de certaines charges.

En somme, bien que cette directive vise simplement à rapprocher les législations des Etats membres en matière d'impôt sur les bénéfices industriels et commerciaux, elle n'emporte pas moins une limitation sur de la souveraineté fiscale des Etats membres en la matière.

2- L'harmonisation du régime fiscal des provisions constituées par les banques et les établissements financiers.

Elle est destinée à créer une symbiose entre les règlementations bancaires et fiscales au sein de l'Union et à améliorer l'environnement fiscal des opérations bancaires.

Le texte communautaire consacre au profit des banques et établissements financiers installés dans les Etats membres, le droit de déduire les provisions pour dépréciation de créances constituées en applications des normes prudentielles édictées par la Banque Centrale des Etats de l'Afrique de l'Ouest.

Il (le texte communautaire) préserve cependant au profit des administrations leur droit de contrôle fiscal ce qui implique un partage de compétence en la matière.

CONCLUSION

La question de la souveraineté fiscale des Etats membres de l'UEMOA est de plus en plus discutée dans la doctrine. Elle se pose en terme théorique (les Etats membres doivent-elles conserver intégralement leur souveraineté fiscale ?) et en terme pratique (quelle est la part de souveraineté fiscale que les Etats membres ont transféré à l'Union et quelle est la part de souveraineté fiscale qu'ils ont conservée ?).

Notre travail s'est placé sous l'angle de la pratique. Il a s'agit pour nous de scruter l'horizon de la fiscalité des Etats membres afin de chercher le degré de la cession de leur souveraineté fiscale à l'Union. Une telle œuvre peut à priori paraître très exhaustive. C'est pourquoi nous avons procédé à des distinctions. Nous avons d'abord exclut du champ de notre étude les branches de la fiscalité qui, pour certaines raisons[72], doivent rester dans le domaine de la compétence exclusive des Etats (pas de cession de souveraineté fiscale dans ces domaines). On peut citer à titre d'exemple la fiscalité immobilière, les droits d'enregistrement et du timbre. Nous avons ensuite abordé la question de la souveraineté fiscale en distinguant la fiscalité directe de la fiscalité indirecte.

Sur la fiscalité indirecte, notre travail s'est limitée aux impôts qui ont été jugés comme ayant un impact sur l'établissement et le maintient du marché commun et qui ont, par conséquent, fait l'objet de mesures d'harmonisation ou d'uniformisation. Cette matière a été subdivisée en deux parties : les impôts indirects intérieurs et les "impôts indirects de porte" ou droits de porte.

Pour ce qui est des *impôts indirects intérieurs* notre étude a concerné la TVA, les droits d'accises et les taxes perçues sur les produits pétroliers. Nous n'avons pas abordé dans cette partie le système harmonisé de l'acompte sur les impôts assis

---

[72] Il s'agit des impôts dont l'harmonisation n'est pas nécessaire à la réalisation du marché commun. (Article 4-e du Traité UEMOA)

sur les bénéfices parce que cet impôt ne constitue pas à notre avis un impôt indirect au sens strict du terme, même s'il est perçu dans les mêmes conditions que les impôts indirects.

Pour ce qui est des *droits de porte*, nous avons abordé essentiellement les questions relatives aux règles de compétence en matière de Tarif Extérieur Commun (TEC).

Fondamentalement, notre travail n'a pas eu pour ambition d'étudier intégralement chacun des impôts suscités. Notre ambition, beaucoup plus modeste, était de rechercher, au niveau de chacun de ces impôts, le degré de la cession de la compétence consenti par les Etats membres à l'Union. Nous avons relevé que les impôts indirects intérieurs ont fait l'objet de cession partielle de compétence tandis que l'érosion de la souveraineté fiscale est totale en matière de droits de porte, les Etats membres ayant renoncé à l'exercice d'une compétence douanière autonome.

Notre approche a été essentiellement juridique. En partant des textes communautaires relatifs à la matière (Traité, directives, règlements…) nous avons essayé de cerner les différents degrés de cession de souveraineté. Nous avons, au besoin, eu recours à la jurisprudence de la CJ UEMOA et de la CJCE, à des textes d'origine interne (constitution, lois) et à des positions doctrinales pour soutenir notre analyse. Une approche similaire a été retenue en ce qui est des impôts directs.

❖ *Sur les impôts directs,* notre étude a concerné d'une part le programme d'harmonisation de la fiscalité directe des Etats membres de l'Union et les règles de compétence en matière conventionnelle et d'autre part le contrôle juridictionnel (exercé par le juge communautaire) sur les règlementations fiscales des Etats membres.

Pour ce qui est du *contrôle juridictionnel*, nous avons souligné qu'en l'absence de textes communautaires harmonisant les impôts directs, les Etats conservent- en principe -leur souveraineté fiscale en la matière. Nous avons cependant indiqué que dans l'exercice de cette souveraineté fiscale, ils sont ténus de respecter certaines dispositions communautaires considérées comme ayant une primauté sur les législations fiscales des Etats membres.

Dans cette partie nous avons abordé les questions relatives à la reconnaissance par le juge communautaire de *la portée fiscale des libertés communautaires et des principes fondamentaux* ainsi que la *portée fiscale des règles relatives à l'utilisation de l'outil fiscal comme instrument de politiques économiques*. Nous avons, en l'occurrence, indiqué l'impacte de ce contrôle juridictionnel sur la souveraineté fiscale des Etats.

Notre méthode d'étude (dans cette partie) a été essentiellement fondée sur l'analyse de la jurisprudence. Nous avons essayé d'indiquer la position du juge communautaire par rapport à certaines dispositions du Traité qu'il a revêtue d'une portée fiscale. Nous avons également relevé certaines dispositions de l'ordre interne (sur la fiscalité directe) qui paraissent incompatibles avec les textes communautaires et qui pourraient être sanctionnées par la Cour de Justice UEMOA.

Pour ce qui est de la question relative à la *compétence conventionnelle* de l'Union ou des Etats membres pour conclure des conventions internationales portant sur les impôts directs, et le *contrôle juridictionnel exercé par le juge communautaires sur de telles conventions*.

Nous avons terminé notre étude par *programme d'harmonisation* de la fiscalité directe. Nous avons présenté ledit *programme d'harmonisation* (adopté par le conseil) en faisant le rapprochement entre la méthode d'harmonisation retenue et la souveraineté fiscale des Etats. Nous avons également indiqué l'impact des textes communautaires adoptés dans le cadre de ce programme d'harmonisation sur la souveraineté fiscale des Etats.

En somme, notre étude s'est voulue exhaustive puisque nous avons abordé aussi bien les impôts directs que les impôts indirects. Cette étude s'est voulue également restrictive puisque nous n'avons abordé que les impôts qui sont susceptibles d'influer sur la réalisation du marché commun. Mais, notre étude s'est voulue surtout stricte puisque nous n'avons abordé que les questions relatives à la souveraineté fiscale des Etats Nous avons quelque fois traité de la souveraineté fiscale propre de l'Union mais cette question a été abordée de façon subsidiaire. Cependant, le progrès de l'intégration passe également par le progrès de la souveraineté fiscale propre de l'Union. Cette question mérite par conséquent une plus grande attention.

Dans l'ensemble, le progrès de l'intégration fiscale dans l'UEMOA peut être considéré comme suffisamment avancé. Cependant, pour une plus grande effectivité des règles communautaires, il convient d'étendre les pouvoirs de la commission en lui accordant une mission générale de gardienne du droit communautaire et surtout lui permettre d'agir très souvent en manquement contre les Etats. Il convient également de travailler à une plus grande connaissance des textes communautaires par les différentes administrations et par les particuliers. En effet, si l'on peut se féliciter d'avoir des textes communautaires bien faits, leur effectivité est une autre question. Il n'est pas également inutile de relever que l'idéologie ultralibérale qui sous-tend l'ensemble des textes communautaire UEMOA peut constituer un obstacle à l'intégration et à l'avènement d'un sentiment de citoyenneté communautaire dans la mesure où cette idéologie libérale ne semble pas être la chose la mieux partagée par les citoyens UEMOA.

BIBLIOGRAPHIE

I- Codes et Lois

Constitution du Burkina-Faso

Code et lois du Burkina Faso Code fiscal Mai 1980 (V. de Herdt et P. Yougbaré)

II- Textes communautaires

Traité UEMOA

Acte additionnel N° 04/96/CM/UEMOA instituant un régime tarifaire préférentiel transitoire des échanges au sein de l'UEMOA

Règlement N° 02/97/CM/UEMOA portant adoption du TEC de l'UEMOA

Directive N° 03/98/CM/UEMOA portant harmonisation des droits d'accises

Directive N° 02/98/CM/UEMOA portant harmonisation de la TVA

III – Ouvrages

III-1 Ouvrage généraux

Four Mann Emmanuel. <u>Genèse de la monnaie unique</u>, Séminaire sur l'élaboration du budget de l'Etat. ENAREF 1997

Issac (Guy) <u>Droit communautaire Général</u>, Paris 1998, 6ème édition, Dalloz 1998

Meyer (Pierre) <u>OHADA Droit de l'arbitrage</u>, collection Droit Uniforme africain, Bruyant, Bruxelles, 2002

Zakané Vincent <u>Droit du commerce international,</u> Précis de droit fiscal burkinabé

III-2 Ouvrages spécifiques

Alexandre Maitrot de la Motte <u>Souveraineté fiscale et construction communautaire, Recherche sur les impôts directs,</u> Paris LGDJ 2005

Da Dakor <u>Cours Technique Budgétaire,</u> ENAREF cycle A 2006/2007

F.M Sawadogo et S. Dembélé <u>Précis de droit fiscal burkinabé</u>

François Goliard <u>Droit fiscal des entreprises,</u> EJA Paris 2002

Jean-Jacques Philippe <u>La TVA à l'heure de l'Europe,</u> Litec 1993

Moumouni Gnancambari <u>Cours de techniques budgétaires,</u> ENAREF A2 Finances 2006-2007

Philippe Derouin et Philippe Martin <u>Droit communautaire et fiscalité Sélection d'arrêt et de décisions,</u> Litec 2004

Yawovi Batchassi <u>Cours de droit communautaire,</u> DESS droit des affaires 2006/2007

V- Articles

André Barilari <u>La question de l'autonomie fiscale in la souveraineté financière et fiscale : réalité et devenir,</u> RFFP N°80 Décembre LGDJ 2002

Hervé Carré <u>Les politiques budgétaires en UEM une autonomie surveillée in la souveraineté financière et fiscale : réalité et devenir,</u> RFFP N°80 Décembre LGDJ 2002

Sylvie Goulard et Mario NAVA Un financement plus démocratique du budget européen in la souveraineté financière et fiscale : réalité et devenir, RFFP N°80 Décembre LGDJ 2002

Bernard Castagnède, Souveraineté fiscale et Union européenne in la souveraineté financière et fiscale : réalité et devenir, RFFP N°80 Décembre LGDJ 2002

VI - Jurisprudence

Avis N° 002 du 27/02/2000 de la CJ UEMOA relative à l'interprétation de l'article 84 du Traité (compétence exclusive de l'UEMOA en matière de politique commerciale) Recueil de la Jurisprudence de la Cour de justice UEMOA Volume 1- 2002

Avis N° 003 du 27/02/2000 de la CJ UEMOA relative à l'interprétation des articles 88, 89 et 90 du Traité relatifs aux règles de concurrence.) Recueil de la Jurisprudence de la Cour de justice UEMOA Volume 1- 2002

Arrêt de la Cour 20 juin 2001 Affaire société des ciments du Togo SA contre commission de l'UEMOA Cour de justice UEMOA, Recueil de la Jurisprudence de la Cour de justice UEMOA Volume 1- 2002.

65

www.ingramcontent.com/pod-product-compliance
Lightning Source LLC
Chambersburg PA
CBHW021607210326
41599CB00010B/650